頭の回転が速い人の話し方

あなたの会話力が武器になる
ユニバーサル・トーク×戦闘思考力

岡田斗司夫
Toshio Okada

フォレスト出版

まえがき

「最強の会話術」って何だろう？

書店に行けば、話し方に関する本はたくさんあります。

雑誌を開けば「話し方教室」の案内、グーグルで検索すれば膨大な数のその手のサイトが見つかります。

ビジネス雑誌でも「驚異のプレゼン術」とか、「スティーブ・ジョブズのスピーチはなぜ心に刺さるのか」とかいう特集が、私たちの心を揺さぶります。


「やっぱり話し方が下手だと損だよね？」

「一国の首相でも、話し方が下手だと人気も落ちてクビになる」

「いまや世の中、中身なんかよりも『話し方』の時代なんだ……」

そう考えて、本書を手に取った人も多いと思います。

いや、やっぱりタイトルの「頭の回転が速い人」というフレーズが気になったのかなぁ？　あるいは、最近の岡田斗司夫の動向に注目しているという奇特な人もいるかもしれません。

ただし、次のように考えている方は、そっと本書を閉じたほうがいいでしょう。

なぜなら、自主規制をしているとはいうものの、**本書でお伝えするメソッドは、場合によってはあなたの欲望をいとも簡単に満たす危険なものにもなりうる**からです。

◎とにかく相手を言い負かしたい、黙らせたい。
◎無理矢理にでも自分の意見を押し通したい。
◎騙してでも、モノを買わせたい。
◎自分を偽ってでも人気者になって、モテまくりたい。

どうですか？　そんなこと思ってませんか？

……本当はちょっとだけ思ってますよね？　まあ、仕方ないです。使用法はあなたにお任せするしかないんですけど、たぶん大丈夫でしょう。

このまま読みつづけていただければ、そんなスケベ心を満足させることなんかよりも、もっと価値のある物を手に入れられることをお約束します。

◉本書を読んだら、ほかの話し方本は副読本にしかならない

そもそも論を語ると、これだけ多くの人が「話し方を学びたい」と考えているのは、ちょっと変だとは思いませんか？

「なぜ英語を中高6年間学んでも全然話せるようにならないのか？」とは、日本人の英語教育を揶揄する常套句です。

となると、6年どころか何十年と日本語を使ってきて、それでもなお「話し方」を学ばなければならないというのも、よくよく考えたらかなり奇妙なことです。

まあ、「話し方」と一口に言っても、「営業トークを習得したい」「人に好かれる話し方を身につけたい」「雑談力を鍛えたい」「大勢の人前で堂々としゃべりたい」など、ニーズは細分化されているので、それだけ学ばなければいけないことがたくさんあるということなのでしょう。

しかし、営業マンが営業トークを学んだとしても、営業以外の場面では通用しません。トークの手法や内容も経年劣化していきます。

だから、また新たな話し方本を買わなければいけなくなる。

人に好かれる話し方を学んでも、実用的に使いこなすのは難しいはず。

異性に好かれたいのか、上司や部下に好かれたいのか、同年代に好かれたいのか、お金持ちのお偉いさんに好かれたいのか、怒りっぽい人に好かれたいのか。それぞれ違った手法が必要なはずですが、ほとんどの本では一緒くたに語られています。

だから読者は、「あれ？　通用しないな」となって、あれこれとまた話し方本に手を出してしまう。

後述しますが、今となっては、僕は講演や授業、テレビやニコニコ生放送なんかで、それなりにしゃべれるようになりました。でも、昔はかなり酷いもんでした。

だから僕も、「講演での話し方」「テレビでの話し方」「生放送での話し方」「学生との話し方」「異性との話し方」……と、際限なく話し方を学ばなければならない状態だったんですね。

要は、**時間・場所・相手などが変わると、学んだはずの話し方が一気に通用しなくなっ**

ちゃう。

じゃあ、どうすればいいか？

そのヒントとなるのが、本書でお伝えする2大メソッドです。

「ユニバーサル・トーク」

「戦闘思考力」

これらを体系化していく過程で、僕自身、だいぶしゃべりが上手くなったんです。ちょっと自慢させていただくと、本書を読んだら、もう二度と話し方本を買わなくてもすむようになります。

副読本としてなら、ほかの話し方本も十分に活用できますけどね。

◉「話し方」観を大きく変える！

本書でお伝えする話し方のメソッドは、おそらく誰も聞いたこともないような内容であることは間違いありません。

少しだけお伝えすると、書店に置いてある「話し方本」はテクニックに偏っているものがほとんどですが、本書はそのテクニックを生かすための基盤を学ぶことからはじめます。

そして、相手や自分の立場を論理的に俯瞰する力、そして状況や場面に応じて言葉を紡ぎだす出入力の調整を徹底的に語っていきます。

第1章では、誰にでも通じる話し方・伝え方の基礎となる「ユニバーサル・トーク」というメソッドの概念をお伝えします。

これを理解しないことには、いつまでたっても無意味な話し方の勉強に終始してしまうことになります。

第2章では、ユニバーサル・トークを使った、他者との関係や答えの生み出し方について説明します。

誰にでも通じる話し方・伝え方によって、誰もが共感できる集合知を築く過程をご覧に入れます。

第3章では、ユニバーサル・トークのエンジンとなる、「戦闘思考力」という概念を紹介します。

本書のタイトル『頭の回転が速い人の話し方』の秘密に直結する内容です。

第4章では、ユニバーサル・トークと戦闘思考力を掛け合わせたクリエイティブな会話術をお伝えします。

第5章では、頭の回転のスピードを自在にコントロールするために必要な訓練について説明します。

これをやりとげれば、あなたの「会話力」はほかの人よりも1段も2段も抜きん出たものになることを保証いたします。

とりあえず、能書きはこれくらいにしておきましょう。

本書を読めば、あなたの「話し方」観が大きく変わるはず。

さっそく第1章から読みはじめてください。

もくじ

頭の回転が速い人の話し方

1

なぜ、あなたの話は伝わらないのか？

●誰にでも通じる「ユニバーサル・トーク」の考え方

2

なぜ、あなたの意見は共感されないのか？

◉「ユニバーサル・トーク」の共感と再構築

3

「話し方」を武器にする

●「戦闘思考力」のギアの概念

4
確実に最適解を生み出す話し方

◉「ユニバーサル・トーク」×「戦闘思考力」

5

あなたの頭の回転を倍速化するレッスン

◉思考の武道「戦闘思考力」の免許皆伝

装　幀◉河南祐介（FANTAGRAPH）
ＤＴＰ◉野中　賢（株式会社システムタンク）
編集協力◉岡田和美
本文フォーマット・図版作成◉フォレスト出版株式会社

第1章

なぜ、あなたの話は伝わらないのか？

◉誰にでも通じる「ユニバーサル・トーク」の考え方

ユニバーサル・トークとは何か?

「ユニバーサル・デザイン」という言葉を知っていますか?

昔の自動車は各国の各メーカーによって、デザインがバラバラでした。見た目はともかく、ウィンカーやワイパーのスイッチ、ペダルの配置なども全然違ってたんです。ハンドルの位置こそだいたい同じですが、慣れない車に乗ると、運転しづらいこと甚だしい。

日本車に乗っていた人がアメリカ車に乗ると、ウィンカーを出そうとしたら、ワイパー用の洗剤が発射されてびっくり! とか、よく笑い話のネタになっていました。

でも今は、右ハンドルと左ハンドルの違いこそあれ、外国でレンタカーを借りても運転に支障が出ることはまずありません。

世界中の車が、どこででも同じような使い勝手で乗れるように統一されているからなんです。

ハサミにしても、ネジ回しにしても、包丁にしても、昔は使い勝手がバラバラでした。が、今は、大人でも子どもでも男性でも女性でも、だいたい同じような力の入れ加減で使えるようなハサミ、ネジ回し、包丁が登場しました。

こうした誰にでも使える、共通したデザインを「ユニバーサル・デザイン」と呼びます。

本書で、まず僕がみなさんに伝えたいのは、**話し方・伝え方に関するユニバーサル・デザイン、「ユニバーサル・トーク」という概念**です。

「ユニバーサル・トーク」というのはネットで調べても出てきません。僕が実践・開発した「スマートノート」（毎日2ページ書くだけで天才になれるノート術、『あなたを天才にするスマートノート』文藝春秋にて書籍化）とか「レコーディング・ダイエット」（日々摂取する食物とカロリーを記録するだけでやせられるダイエット法、『いつまでもデブと思うなよ』新潮新書にて書籍化）と同じように僕が考え出した造語です。

「一般的、普遍的、世界的」という意味の「ユニバーサル」と、「会話」という意味の「トーク」を単純にくっつけてみました。

「ユニバーサル・デザイン」が誰にでも使えるデザインだとしたら、「ユニバーサル・トーク」というのは、**「誰にでも通じる話し方・伝え方」**という意味です。

なぜ生徒は先生の話を聞かないのか?

さて、「誰にでも通じる話し方・伝え方」がとくに必要とされる職業といったら何でしょうか?

おそらく、その中の一つが学校の先生だと思います。天才もいれば怪物みたいな不良もいるクラス全員に通じる話し方・伝え方をしなければならないからです。

僕の講演に来てくださる人は、生徒という立場であると同時に、お客さんです。お金を払ってまで聞きに来てくださっているので、すごく熱心に僕の話を聞いてくれます。

ところが、大学、高校、中学という場になると、お金を払っているのは保護者で、本人ではありません。

「お金を払っているから聞かなきゃ損だ」「自分のためになるから聞かなきゃ損だ」とは考えてくれないんです。

自分が生徒や学生だったころを思い出してみてください。心の中で、**「聞いてほしいんだろ？　聞いてやろうかな、どうしようかな」と、常に値踏みをする態度でのぞんでいたはず**です。

そして、先生の言ってることに十分に価値があったり、面白かったり、ある閾値《いきち》を超えたところでようやく「聞いてやってもいいぜ」となるんです。

たとえば、その生徒にとってある先生の評価が１００点満点のうち80点の先生だと、「聞いてやってもいいぜ」となる。

でも、60点の先生だったら正面を向かずに、体をひねったり、頬杖《ほおづえ》をついて聞くようになる。だから、教室という空間は姿勢が乱れるんですね。「足伸ばしてなら聞いてやってもいい」、もしくは「教室に行ってやってもいいけど、話は聞いてやらない」となってしまいます。

さらに聞いたら聞いたで、「聞いてやったんだから、何かオレに良いものをくれよな」と考えます。たとえば点数とか、名前を憶《おぼ》えるとか、ほかの人間と扱いを変えるとか、どれでもいいから、何か支払いをくれという要求になるんです。

子どもたち全体が、功利的に動いているからです。

こういうふうに、**彼らは、自分の中で先生を値踏みして、点数によって態度を変える**んです。余談ですが、その結果、彼らの頭の中に入るものの分量も差が出てきてしまいます。

こうした関係を僕は体験したことがあります。聞きたくて聞いているんではなくて、「しょうがないな、親が契約しちゃったから聞いてやってもいいぜ」という態度の集団を前にして、「さて、こいつらにどう自分の話を聞かせようかな」と工夫しなければなりません。

そのヒントになるのが、これからお伝えするユニバーサル・トークなんです。

口下手なのはハートだけの問題にあらず

「誰にでも通じる話し方・伝え方」といっても、なかなかイメージできないと思います。ですから、僕が「ユニバーサル・トーク」という概念を見つけたきっかけからお話ししましょう。

大学で先生として働くようになったのは、僕が42、43歳のころだったと思います。それまで、人前で話す機会はほとんどありませんでした。

たまに講演を頼まれることもありましたが、もちろん落ち着いて堂々としゃべることなんかできませんでした。山ほどレジュメを用意して、ウケなくても一生懸命、やたら早口になってしゃべっていました。まったくユニバーサルとはいえない代物だったんです。

だからといって、別におしゃべりが嫌いだったとか、人前で話すのが嫌いだったかというと、そうではありません。

安心してしゃべることができる場面というのも確かにありました。

まずは、自分の仲間内。これは多くの人がそうですよね。

それと、僕と同じようにＳＦ小説とかＳＦマンガ、ＳＦアニメ好きな人が４、５人集まったような場面です。

そういう集まりでは、友人や知人がいなくても、安心して、水を得た魚のように楽しくしゃべることができました。

ところが、４、５人のグループの中ではいくらでも話せるのに、同じようなＳＦファン、アニメファンが１００人ぐらい集まっただけで、なぜ、ちゃんとしゃべれないんだろう？　なぜ、焦っちゃうんだろう？

そこが、自分の中でずっと不思議でした。

確かに、自分に視線を向ける人が多ければ多いほど、誰だって緊張して声がうまく出せないものです。僕の場合もそうだったと思います。

だったら、単純に場慣れしたり、何事にも動じない強靭《きょうじん》なハートを持てば解決するのでしょうか？

もちろん、それも会話がうまくなるためには必要な要素です（55ページ）。しかし、**話し方や伝え方が混乱してしまう、もっと根本的な原因**があるのではないかと考えたんです。

僕にとってそれは、「少しでも『違うかな？』と感じてしまう存在」でした。

話せなくなる根本的な原因
「友人の部屋に乱入してくる親」現象

僕の場合、「少しでも『違うかな？』と感じてしまう存在」は女性でした。

たとえば、男性4、5人だけで話しているとき、そこに女性が1人入ってくるだけで自分の会話のペースが狂ってしまうんです。

これは、男性的に女性性を意識するといったレベルの違和感ではありません。

言うなれば、**友人の部屋で遊んでいるときに、突然その友人の親が部屋に入ってきて会話に混じってくるような居心地の悪さ**です。「あれ？　なんか話しにくいなあ」というブロックを感じるんです。

同じように、10人ぐらいのグループで話しているときに、そのうちの1人か2人が女性だと、「退屈してるんじゃないか」「わからないんじゃないか」ということが気になりだして、どんどん話している内容が上滑りになってしまうんです。

たぶん誰だってそうだと思いますが、家族や友人、身近な仕事仲間に話をするのは簡単だし、気軽です。自分の主張も、ある程度伝えられます。

けれど、自分のことをよく知らない人や、初対面の人に向かってしゃべるときは、「自分は何をしゃべったらいいのか？」「どこまでしゃべったらいいのか？」「どういうしゃべり方をしたらいいのか？」など、さまざまな迷いが生じます。相手との距離感がつかめないせいで、話すことが難しくなってしまうんです。

この根本的な問題を克服しないことには、いくら会話のテクニックを学んだところで、結局は役に立たないはずです。

伝え上手と受け取り上手の関係

なぜ、身近な人とは話せても、それ以外の人とはぎこちない会話しかできないと思いますか？　「当たり前だ」と言われればそれまでですが、ここでは少し論理的に考えてみましょう。

次ページのポジショニングマップを見てください（図1）。

上下のベクトルの**上向きは「伝え上手」、下向きは「伝え下手」ではなく「受け取り上手」**と考えます。「伝え上手」を出力、「受け取り上手」を入力と言葉を変えてもいいでしょう。

僕が本書で読者へお伝えしようとしていることの7割ほどは出力のほうです。同様に、読者もこちらを求めて本書を買ったはずです。決して入力のほうではありません。

ちなみに、僕の経験からですが、この出入力は同時に伸びる場合もありますが、ほとんどの場合は一方が伸びれば、一方が縮むものです。

図1
ユニバーサル・トークを理解するための
ポジショニングマップ

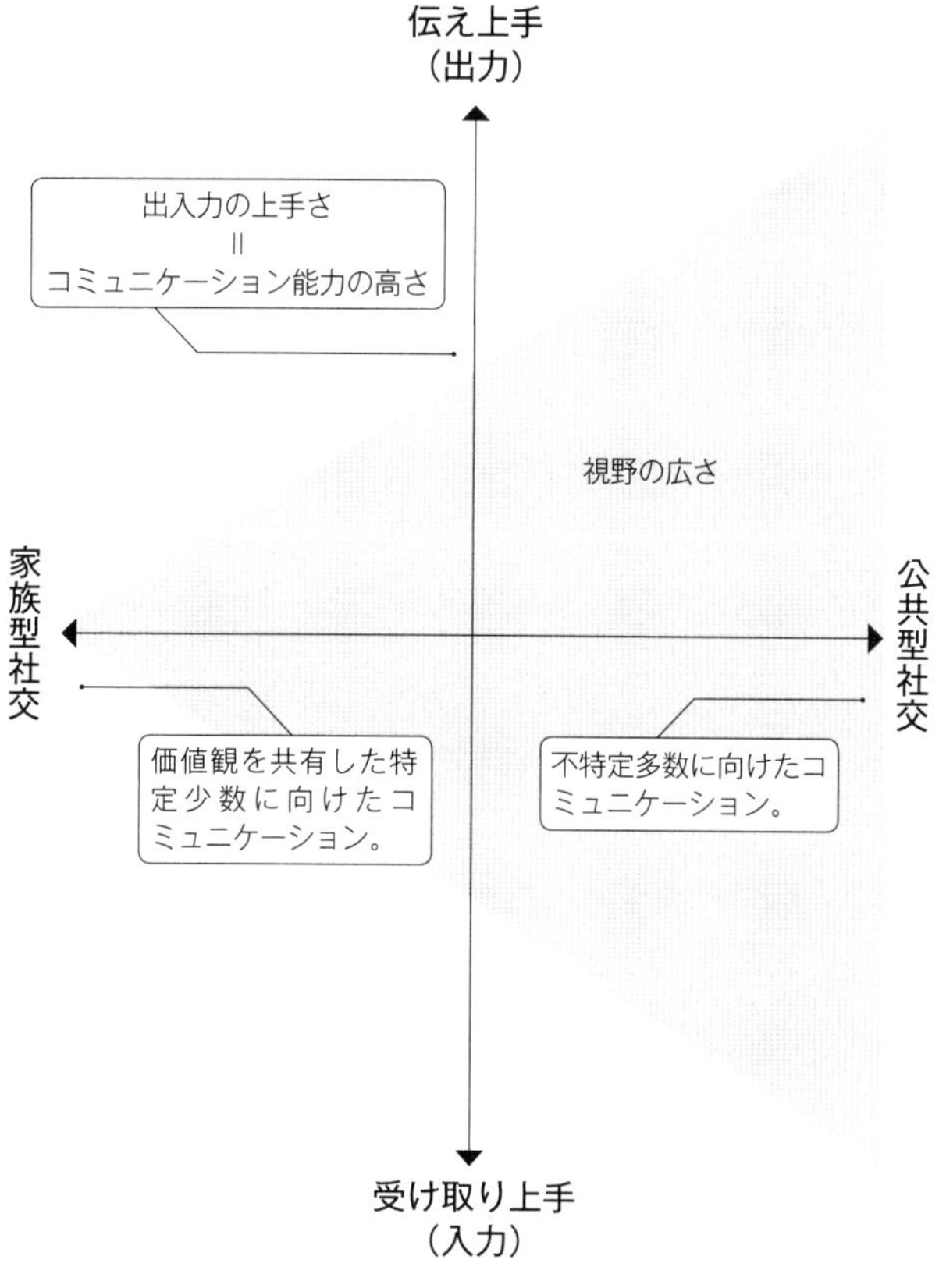

つまり、他人の言うことをきちんと理解しようとしている人は、どうしても自分の考えを伝えることが下手になってしまいます。一方、自分の考えを伝えるのが上手ければ上手いほど、他人の気持ちや言葉がわかりにくくなるんです。これはもうトレード関係みたいなものだと思ってください。

コミュニケーションが上手いというのは、この出入力のコントロールが上手いということでもあります。

つまり、あるときは出すほうに立ち、あるときは受け入れるほうに立つようにコントロールする（第3章以降で具体的な頭の回転力についてお伝えしますが、この出入力のコントロールに必要なのが「戦闘思考力」というメソッドです）。

もちろんそれが理想的な姿ですが、そうそうオールラウンドに技が上手くなるわけではありません。

きっと話し方、伝え方を学びたいという人の多くはどちらかと言えば受け取り上手な方が多いでしょう。したがって本書では、あえて入力のテクニックよりも出力のほうにベースを置いてお伝えしていきます。

それを念頭に、次は左右のベクトルについて考えてみましょう。

家族型社交と公共型社交の関係

学生は何を言っているのかよくわからん

左右のベクトルは、**右方向が「公共型社交」**、**左方向が「家族型社交」**です。

公共型社交というのは不特定多数に向けたもの、家族型社交は価値観を共有した特定少数に向けたものだと考えてください。

このベクトルの向きが、仲間内では話せるのに、大勢の人の前では話せなくなってしまう原因を突き止める肝になります。

本章の冒頭で説明した学校のシーンに戻ってみましょう。学生は先生を値踏みして話を聞いたり聞かなかったりすると説明しましたが、逆に学生の話というのはどのくらいのレベルだと思いますか？

僕が大学で教えていたころ、学生に「先生に君の考えを話してみてよ」と言うと、元気が良い学生や性格の良い学生は、僕のところへ来て話してくれます。

ところが、その学生の話がまずわからない。

僕は15年ぐらい大学の1、2年生ばかりを相手に講義をしていました。ということは、

18～20歳ぐらいの男女との会話に関しては、ふつうの人よりは慣れているという自負がありました。

その僕からしても、最近はもちろん、昔からずっと、**学生の話は聞いても聞いても、何を言っているのかよくわからないん**です。

もちろん、同じ日本語を使っていますから断片的なことはわかります。昨日図書館に行って調べ物をしたとか、レポートの提出期限が迫っているとか。しかし、全体的に聞いたときには要領を得ず、「結局、君は何が言いたいの？」「で、僕にどんな意見を求めているの？」となってしまう。

それはいったいなぜなのか？

僕は、ポジショニングマップに記した、**公共型社交と家族型社交との間の空間のゆがみが、互いの意思疎通を阻害している**と考えています。

尊敬と親愛を込めた「タメ語」

空間のゆがみとは？

「公共型社交と家族型社交との間の空間のゆがみ」というと、抽象的でピンとこないと思います。

具体的な事例で説明しますね。

言うまでもありませんが、ふだん僕たち社会人は、目上の人や尊敬している人物、初対面の人、ビジネスの相手に対して敬語で接します。公共型社交の常識ですね。敬語を使わないのは、家族内や友人、せいぜい仕事の後輩くらいです。

ところが、学生というのは仲良くなると、彼らの言葉で言うところの「タメ語」を使います。

学校の先生に対しても、彼らは敬意を払っている人にはタメ語を使います。

「先生おつかれー、また明日ねー」

「マジで？　先生超ウケるぅ」

みたいなノリです。

一方で、話も聞く気になれない先生に対しては、仲間だと思っていないから敬語を使います。

「そうですかー。気をつけまーす」

「わかりませーん。失礼しまーす」

などと、拒絶感を含んだ声色で接するわけです。

敬語とタメ語の使い分けが、ふつうの大人と完全に逆なんです。

「先生は尊敬しなきゃいけないから敬語を使う。タメ語を使っちゃダメ」

学生という家族型社交では、そんな常識はありません。

こういう場合は、郷に入れば郷に従え。彼らとコミュニケーションを取りたかったら、タメ語で呼ばれたら、うれしそうにしてタメ語で返すのが正解です。それが彼らの家族型社交空間だからです。

怒っても、嘆いても、仕方ありません。

家族型社交は、千差万別です。

たとえば、どこかの秘境に住んでいる部族は、ネズミの燻製《くんせい》をおみやげに持っていくと迎え入れてもらえて、さらにそれを一緒に食べてようやく仲間として認められるそうです。

こういう部族に認められたかったら、その作法に従うことが大切です。

学生からタメ語で話し掛けられるときに、うれしそうにタメ語で返すのは、ネズミの燻製を持っていって、一緒に食べるのと同じ。

つまり、学校の教室という空間で、値踏みする生徒や学生に授業を熱心に聞いてもらうには、大人としての常識や論理は一旦脇に置いて、彼らの価値観を甘んじて受け入れるしかないのです。

そのときは、先生というより、ただ単にちょっと面白いおじさんと思われるかもしれませんが、それでいいんです。そして、学生や生徒が自分を信頼しはじめてくれたと感じたときに、ちょっと面白いおじさんの顔から教育者の顔に徐々に変えていくしかありません。

というわけで、**価値観を共有していない者同士が接すると、どちらかがどちらかに迎合しない限り、コミュニケーションは困難を極める**ことになります。

そのほか、個別のケースにおいても、大小さまざまなゆがみがあるはずです。

公共型社交は視野が広く、家族型社交は視野が狭い

とはいえ、「最近の若者の話はわかんないなあ。困ったもんだ」と結論づけるのは早計です。これは仕方のないことなんです。

公共型社交と家族型社交の左右のベクトルを、視野の広さに置き換えて考えてみてください。右に行くほど広く、左に行くほど狭くなります。

誰もが子どものころは、絶対に左側しか目が向きません。家族の集まり、同じ趣味の集まり、毎日一緒にいる人たちの価値観、お互いのキャラクターがわかり合っている世界です。

この中にいれば、多少伝える能力が下手でも、「いやいや、おまえの言いたいことはわかるよ、いつものあれだろ」と通じます。居心地もとても良い。

同じ家族でも、大家族に生まれた人であれば、おじいちゃん、おばあちゃんと話すとか、年の離れたきょうだいと論争するという、やや家族型社交でありながらも公共型社交の視野が持てますが、幸か不幸か現在の大学生は核家族で育った人や一人っ子が多い。

そんな彼らが突然、公共型社交で生きている人の中に放り込まれたら、会話が通じるわけがないんです。

彼らが大学を卒業し、22歳で就職して名刺を持ったところで、社会人に対する話し方なんてわかるはずがありません。せいぜい、自分の個人的な話や学校の話をするくらいです。がんばって新聞を読んで、いっぱしに政治や経済のことを語っても、青臭いと一《いっ》蹴《しゅう》されておしまいです。

家族型社交から公共型社交への移行 ユニバーサル・トークの出現

では、彼ら若者がこのまま公共型社交の中に入れないかというと、当然そんなことはありません。

数カ月、長くても数年たてば、彼らの話もどんどん通じるようになります。

その間に、**家族型社交から公共型社交に視野が広がる**からです。

半年ぐらい会社に入って働けば、公共型社交のルールが見えてきます。

学生時代のノリも出身校が違えば通用しないことや、お互い同い年だったとしても会社や業界が異なればルールも全然違うことも、理解するようになります。

親しくなったからといってタメ語で話すのではなく、敬語を使っても、お互いに尊敬し合える関係があるんだと気づきます。

そうやって、徐々に家族型社交から公共型社交の空間への移行が行われるんです。

そして、あっという間に、まるでド田舎から出てきた地方出身者が方言を捨てて標準語を話せるようになるように、ふつうの人に通じる言葉を探し出せるようになります。

ユニバーサル・トークの概念を理解するには、この家族型社交から公共型社交への移行を意識するのが必須です。

家族型社交の中で生きていくのは不可能？

緊張が伴わないぶん、家族型社交でのコミュニケーションは楽です。

「ツーと言えばカー」の世界で、日本語が話せればコミュニケーション能力なんてものは必要ありません。いわゆる「ひきこもり」の人は、この空間に耽溺《たんでん》しているとも言えるでしょう。

しかし、この居心地の良い家族型社交の空間の中で、ずっと生きていくのは可能でしょうか？

「ひきこもり」だとしても、親が亡くなれば半ば強制的に公共型社交の世界に放り込まれてしまいます。

経済活動が小さなコミュニティだけで完結しているような世界であれば、それも可能

図2
家族型社交のエリアはどんどん小さくなっている

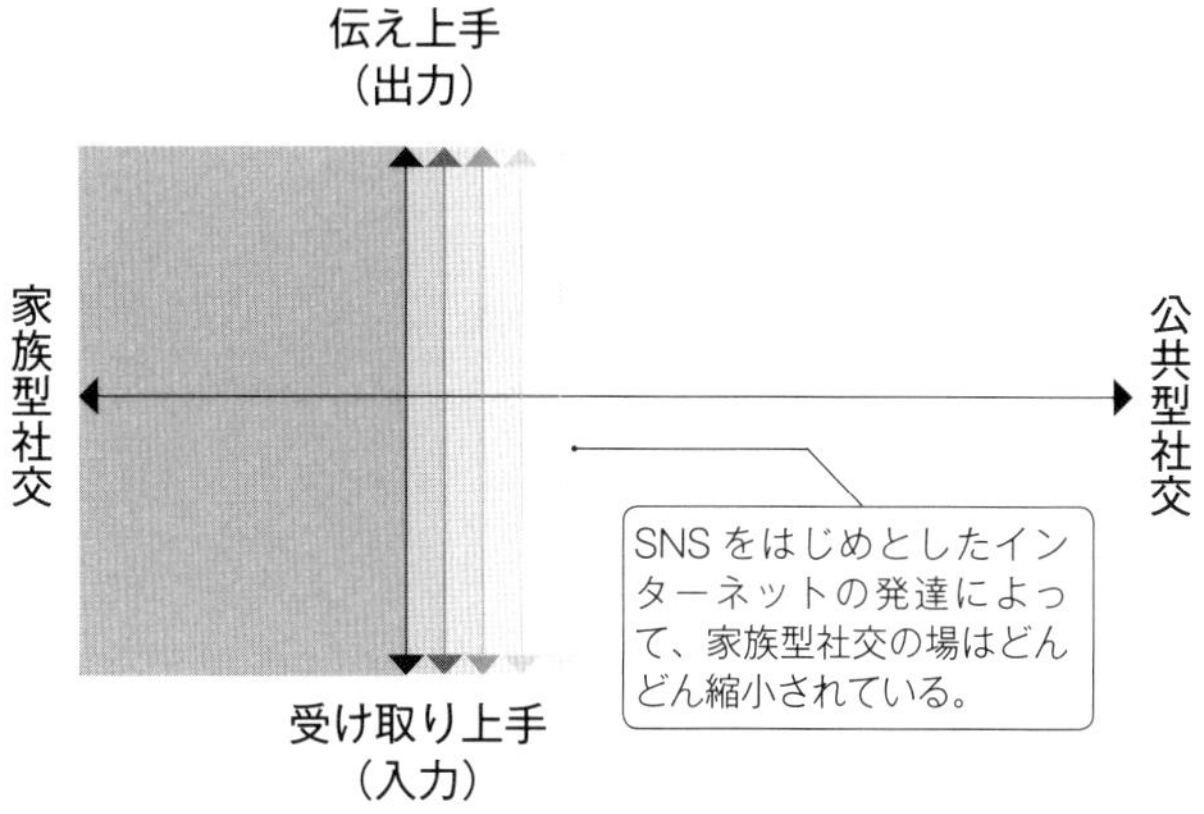

かもしれません。しかし、現代の日本においてそのような世界を見つけるのは非常に困難でしょう。絶海の孤島や、町内会も回覧板もないような山奥で一生暮らすとか、カルト宗教団体に入るくらいの覚悟がなければ難しいかもしれません。

なぜなら、**現代は数十年前と比べても、家族型社交の空間がどんどん小さくなってきている**からです（図2）。

1970〜1980年代、何か大きな買い物をするとき、お父さんやお母さんはまず家族に相談しました。

たとえば車を買うんだったら、お父さんがカーディーラーのところへパンフレットをもらいに行って、そのパンフレットを家へ持ち帰り、日曜日の午前中に家族会議をするわけです。

「どれを買おう？」（父親）
「わたし、これがかわいい！」（娘）
「ぼく、この色がかっこいい！」（息子）
「うーん、パパはこれだな」（父親）
「ダメよ、これ高いでしょう」（母親）

……この和気藹々《わきあいあい》が、家族型社交がまだ広く行われていた時代の物事の決め方でした。

しかし、今はそうではありません。僕らはそれを一度、公共型社交の空間へ投げています。

具体的に言うと、インターネットの向こう側の人に聞いてみるということですね。

グーグルから情報を集めるだけの場合もありますが、「ヤフー知恵袋」みたいなところに投稿して聞いてみることもあります。フェイスブックに書いて、反応を見たりする場合もあります。

その結果、何が生まれると思いますか？

「車を買うって言うけど、住んでるところどこなの？」
「年収いくら？　都会だと車の維持費が相当高いよ？　駐車場あるの？」
「何人家族？」
「家族でどこでも行けるというのは、田舎と都会だったら意味が全然違うよ」

というような細かいツッコミが不特定多数の人たちから一気に流れ込んでくるんです。

表現をよくよく考えて伝えなければコミュニケーションが成り立ちません。

昔は場の空気、顔色、これまでの関係性などで察してもらえたものが、今はそれらを

すべて言語化するというたいへん面倒な作業が増えざるをえない状況になっています。

つまり、かつては家族型社交で完結していたことが、どんどん公共型社交の空間に移行しているんです。

説明しなければいけない相手が増えすぎた時代

もちろん、昔も、家族型社交空間から公共型社交空間に強制的に移行させられるようなことは起きました。

ある男女が交際するとします。原理的に言えば、お互いに好きであれば交際も結婚もできるはずです。

しかし、周囲がそれを簡単には許しません。両親はもちろん、互いが互いの友人や親《しん》戚《せき》にパートナーの評価をしてもらい、交際や結婚をしても問題ない相手かどうかを判断してもらうという通過儀礼があります。

つまり、閉じられた世界から周囲に向けた説明責任を要求されるんです。

こうした過程は今も昔も変わりませんが、**現代はＳＮＳをはじめとしたインターネッ**

トの発達によって、説明しなければならない相手が増えすぎてしまいました。家族型社交空間から公共型社交空間への移動がどんどん加速しているんです。

僕の子ども時代は、小学校や中学校のときに一番人生で出会う人数が多く、大人になったら新しい出会いはそんなに多くないと言われていました。

中学生まで1クラス40人で5〜10クラス、それが毎年入れ替わったらかなりの人数です。しかし、それでも年賀状も手書きができた時代でした。

ところが、年賀状が手書きでは間に合わなくなり、プリントアウトするようになり、さらにメールで送信するような時代になりました。

デジタルツールの発達速度に比例するかのように、毎年毎年知り合う人数が、前の年の倍になったり、ひょっとしたら10倍になるかもしれないという世界に僕たちは生きているんです。

相手のバックグラウンドも考えなければならない

僕も意識していないと、つい50歳過ぎのオタクのオッサンにしか通用しないような話

図3

相手のバックグラウンドにある無数の価値観

バックグラウンド（公共型社交）
最近の中学生は…
mixi
彼女の写真発見！
twitter
タバコくらいでいちいち
こいつ嫌いだから拡散しよ
よくないね！
LINE
さすがバカッター！
シブく撮ってくれよ！
特定はよ
こんな男と付き合いやがって！
家族型社交

し方をしてしまいます。

しかし、ありのままの**自分の話し方は第三者にとっては方言みたいなもの。**周りは誰も共感してくれません。

「いや、私は自分と同年代の人としか話さないから大丈夫」という考えも通用しません。

あなたはそれでよくても、前述のように相手のバックグラウンドには、あなたが知らない多様な価値観を持った膨大な人間がいることが当たり前になっているからです（図3）。

自分たちだけで通じる会話をしていると、たとえその場では問題ないように見えても、あとで評価や結論を覆される可能性だってあります。

というのも、あなたと別れたあと、相手は、あなたとの会話や結論を、公共型社交の中の別の人に話すからです。

少なくとも、話そうかどうかを検討するはずです。

それどころか、相手はあなたの結論を、みんなに話して説得できるかを考えます。自分の恋人が周囲の人に品定めされることを無意識に想定するのと同じ心理です。

説得できない気がする場合は、「確かに君の言いたいことはよくわかる。でも、よそでそれは通用しないよね」と、反対してくることになります。

要するに、**自らのバックグラウンドを通じて相手に評価を下すようになる**のです。

ですから、今まではツーカーで通じあっていた仲間同士でも、いつまでもその関係が継続すると思うのは危険です。

友人に話すときですら、誰にでも通じる話し方、つまりユニバーサル・トークを経由しないとわかってもらえない時代が来ているんです。

あなたはどこに位置しているのか？

では、もう一度ポジショニングマップに戻りましょう（図4）。

僕自身や著名人、僕の身近な人がどこに位置するのかを考えてみました。

これを見ながら、**あなた自身がどこに位置しているのかをよりリアルに考えてみてください。**

僕は、どちらかといえば人の話を聞くのが下手で、話すのは得意。だから、上半分になります。そして、リアルで濃密な人間関係ではなく、不特定多数に発言するのが得意。つまり公共型社交のほうに位置しているだろうと、自分では考えています。

また、僕には数年前に大学を卒業して就職・結婚している娘がいますが、彼女もコミュニケーション能力はかなりあります。ただ、僕よりはリアルの人間関係が上手いんですね。

おそらく勝間《かつま》和代《かずよ》さんは、僕よりは伝えるのが下手だろうと思いますが、じつは友人関係を大事にする人ですから僕よりは左側でしょう。

図４
あなたはどこに位置しているか？

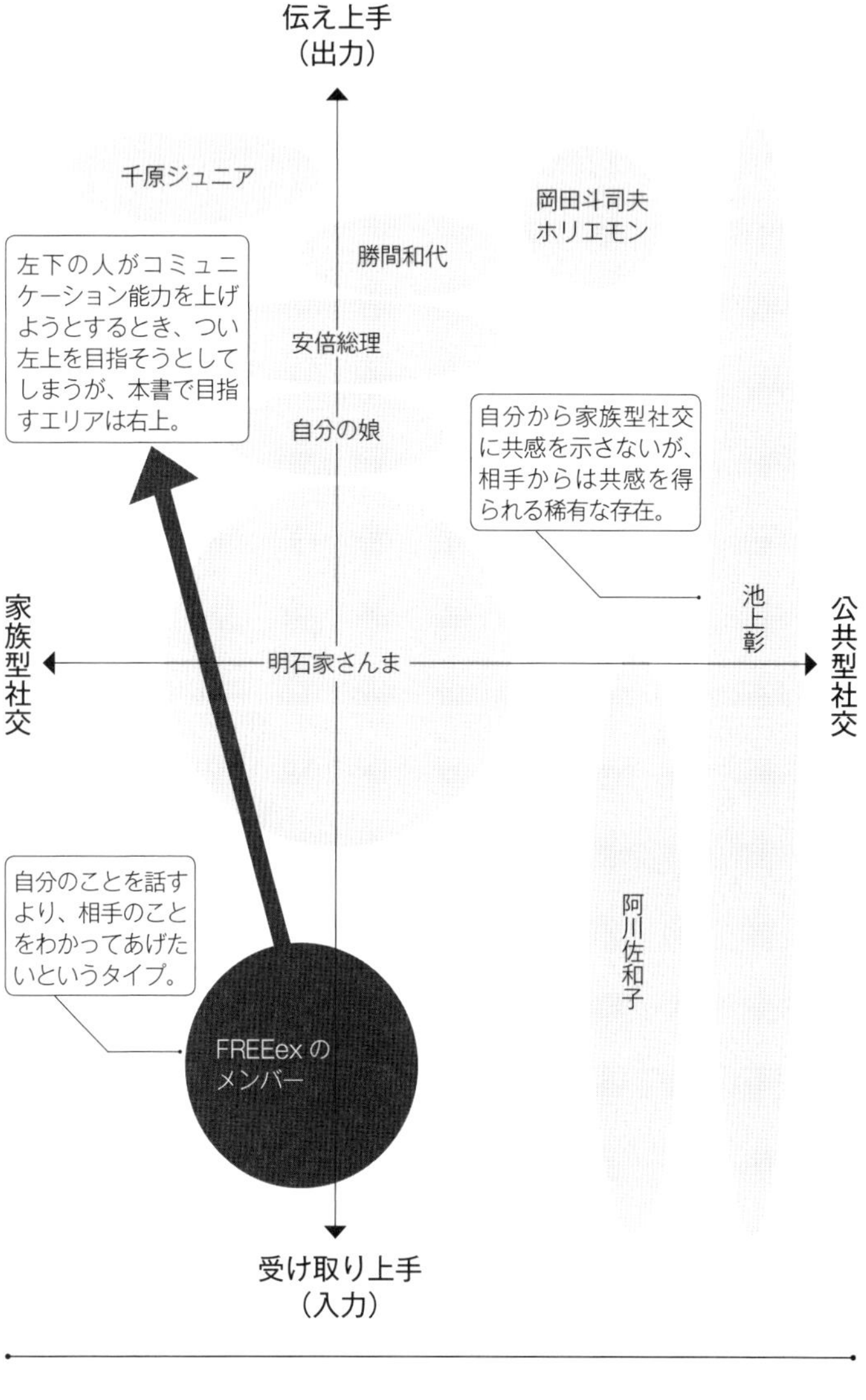
伝え上手
（出力）
受け取り上手
（入力）
家族型社交
公共型社交
千原ジュニア
岡田斗司夫
ホリエモン
勝間和代
安倍総理
自分の娘
明石家さんま
池上彰
阿川佐和子
左下の人がコミュニケーション能力を上げようとするとき、つい左上を目指そうとしてしまうが、本書で目指すエリアは右上。
自分から家族型社交に共感を示さないが、相手からは共感を得られる稀有な存在。
自分のことを話すより、相手のことをわかってあげたいというタイプ。
FREEexのメンバー

公共型社交で受け取り上手な人物というとピンとくる人は少ないかもしれませんが、2012年に出版されて100万部を突破した『聞く力』（文春新書）の著者・阿川佐和子《あがわさわこ》さんは、そこに位置させるには最もふさわしい人物かもしれません。クセの強い論客たちや文化人たちを相手にした絶妙なやりとり、小気味よい仕切り方は、テレビで見ていていつも感心させられます。

池上彰《いけがみあきら》さんは右に突出している方です。

池上さんは物事の説明をしても、「悲しい」とか「うれしい」とか自分の意見は滅多に言いません。「だから日本はダメなんですよ」とか「そこが私はうれしくてしょうがないんです」などとは絶対言いません。説明に徹してるんです。

誰にでも通じる話し方・伝え方という点においてはユニバーサル・トークの極みとも言えます。だからこそ、池上さんの話を聞いているとどんどん理解できるんです。

が、自分から共感の意思表示をするまでには至っていません。

しかし、自分が共感しないようにしているのと裏腹に、池上さんはたくさんある説明のうちのより相手から共感を得られる説明を選択していると考えられます。

じつはこの共感力というのは、第2章以降で語るユニバーサル・トークを完成させる際の勘所と呼べるものなのですが、表向き、あえてそれを捨てるというのは、おそらく池上さんなりのフェアネスや正義感からなのでしょう。「私はわかりやすく話してるだけで、信者やファンを増やしたいわけではないですよ」という自分を律する心がすごく強い。

僕の友人でもあるホリエモンは、仲間内だけの話を極端に嫌い、すべてを「誰もが読める」場で話し合おうとします。しかし、あまり聞き上手とは言えないので、僕と同じく右上のポジション。

お笑い芸人の千原《ちはら》ジュニアさんは、卓越したトーク技術があります。しかし「お笑い系の人」に特化した話法なので、左上のポジションに分類しました。

同じお笑いでも、大御所の明石家《あかしや》さんまさんはバランスの良いセンターです。話術はそんなに優れていないし、相手の話はすぐにさえぎる。しかし「わたしの話」を「みんなの話」に転換する技法は超名人クラスです。なので、長きにわたり「普通の視聴者」の人気ナンバーワンを取れるわけですね。

最後の有名人は安倍晋三《あべしんぞう》総理（2015年8月現在）。政治家といえば政治仲間同士の話、つまり「家族的社交」しかできない人が多い。歴代首相も、田中角栄《たなかかくえい》を除いてだれも「みんなへの話」ができなかった。しかし安倍総理は「公共的社交」もできるという珍しいタイプです。優秀なスピーチライターの能力込みで「中央の上寄り」というポジションに入れました。

一方、今は代表をやめましたが、僕がつくったＦＲＥＥｅｘ（フリックス）という組織にいるメンバーの多くは左下に位置しています。

わかる人だけわかればいい、自分のことを話すよりは相手の痛みをわかってあげたいという優しい人が位置するポジションです。

さて、読者のあなたはどこに位置しているでしょうか？

コミュニケーション能力には2つある

おそらく、本書の読者を含めてコミュニケーション能力を上げたいと思っている方のほとんどは、受け取り上手な入力志向なのではないでしょうか？

相手の言っていることはよく理解できるけど、他者に対して自分の考えを説明するのが難しいという人です。

そうした方がコミュニケーション能力を上げようとすると、どこに向かうでしょう？
ここまで説明したとおり、コミュニケーション能力を上げるといっても、上げ方には、不特定多数の人に伝えるようなコミュニケーション能力の上げ方と、特定少数の人にだけ伝えるような上げ方があります。

人の話を聞くのが上手で、伝えるのが下手な人というのは、どうしても特定少数の人に対するコミュニケーション能力だけを上げがちなんです。

つまり、相手と心からわかり合おうという意識が強いあまり、家族型社交に向かってしまうわけです。

確かに、限られた人とはわかり合うことができます。

しかし、**家族型社交のコミュニケーション能力を上げても将来がありません。**自分を理解してくれる母数自体が少なくなるというデメリットを負わなければなりません。

そして先ほども説明したとおり、家族型社交の中の仲間さえも、バックグラウンドの多様な価値観に影響を受けるために、いつも１００パーセント理解してくれるとは限らなくなります。

昔の家族型社交、つまりお年寄りはお年寄りとしか話をしない、男は男としか話をしない、お母さんはママ友としか話をしないというような世界であれば、話し方教室の「緩急をつけて話しましょう」とか、「発声練習をしましょう」「こんなときは、こう答えましょう」というテクニックやトレーニングだけでよかったはずです。

もちろん、そうした小手先のテクニックやトレーニングは大事ですし、本書の後半でもお伝えするんですが、この**家族型社交から公共型社交へどんどん僕たちの生活空間が移行している現状を把握しておかなければ、宝の持ち腐れ**です。

ですので、ぜひみなさんには公共型社交の中で活かせるようなコミュニケーション能力を磨いていただきたいと思っています。

コラム

人前で話すための
ハートの鍛え方とは？

僕がよく相談される話し方の悩みというのは、次の4つくらいのレベルがあります。
「人前で話せないんです」「話すのが苦手なんです」「話すのが下手なんです」「もっと上手くなりたい」。

「人前で話せないんです」というのは人前で声が出ないというレベルです。いくら質問されても「ああ……」と小っちゃい声が漏れる程度。

本書は、人前で「話すのが苦手」「話すのが下手」「もっと上手く」というレベルの人に向けて書いており、「話せない」という人への対策はほとんど扱っていません。その意味では、中級者以上向けの内容になっています。

そもそも「人前で話せないんです」という人は、ハートの訓練という段階を踏んで心を強くしないことにはどうしようもありません。

しかし、このハートの訓練、各レベルにも共通した課題でもあります。

お茶とかワインを売っているお店で、お客さんに試飲をすすめている光景を見ることがありますよね。そうしたアルバイトに対するお客さんからのクレームの8割から9割は、「何言ってるのかよく聞き取れない」ということだそうです。

「お茶どうですか?」とか「ワインどうですか?」と、朝一番では声が出るけど、いろいろな人から、「いや、いい」「いいです」「いい」って断られるうちにどんどん怖くなって、声が出せなくなっちゃうんです。

じつは僕も大学で教えだして半年ぐらいまでは、学生の目を見て話すことができませんでした。

ある程度人前で話せる人でも、ハートが弱ってしまったらやはり声が出せないのです。

◉ハートを鍛える訓練とは?

では、どのようにハートを鍛えればいいのか。参考になったのが、ヨシモトのお笑い養成所でやっている方法です。

お笑い芸人になりたい人というのは、学生時代から面白い人も確かにいるんでしょうけれども、意外なもので、家でずっとお笑いばっかり見てきた、友人なんかもいないという人もけっこういるそうです。だから「人前で話せない」という悩みを持った人もいるんですね。

では、そんな彼らがどのような訓練をしているかというと、「え？　そんなことで？」と思ってしまうような、日常生活で実践できる簡単なことばかりです。

ぜひ、あなたも挑戦してみてください。

見られる訓練①エレベーター

エレベーターに乗ったら、あえて一番奥に行って入口のほうを向きます。気が弱い人は、エレベーターに乗るとボタンの近くで壁を向いて押してあげるか、もしくは後ろのほうに行って壁を向くんですが、堂々と正面を向いてください。

ほかの人がどんどん、まるで自分を見てエレベーターに乗ってくるような感じがしますが、慣れるまでこのプレッシャーに耐えてください。

見られる訓練②電車

電車に乗ったら、前の席に座っている人たちが「今から自分の話を聞いてくれるんだ」とイメージし、左右に視線を走らせます。

慣れていない人は、ほんのちょっと他人の視線が自分のほうを向いているだけですごく怖くなっちゃう癖がありますが、この方法に耐えれば、ある程度は他人の視線の恐怖を克服できるようになります。

見られる訓練③映画館

映画館入ったら、あえて座席の前方に行き、席を探しているふりをします。

エレベーターや電車同様に、映画館の客席にいる人は全員、ただ単に映画がはじまるまでスクリーンをボーッと見ているだけで、前に誰が立とうがまったく気にしていません。

その微妙な安心感と緊張感を背負いながら、見られる訓練をしてください。

声を出す訓練　街頭のティッシュ配り

見られる訓練に慣れてきたら、次は声を出す訓練です。

街頭でティッシュ配りをしている人がいたら、「ありがとう」と言って受け取り、そのあとに「あ、これどこで売ってるの?」などと質問してください。

もし相手が「○○のキャンペーンを行っているんです」と答えてくれたら、まったく興味がなくても、「あ、そうなの？」とか、「いつまでやってるの？」「どこでやってるの？」と聞いて応答の形にしていきます。

この程度のことでも、慣れていない人にとっては訓練になります。

なぜティッシュ配りかというと、まず相手のほうから「ティッシュをもらってください」というワンターン目が出ているからです。自分は受け取るほうだから、「ありがとう」と言うのは簡単です。これが、ナンパみたいに自分のほうから声をかけなきゃいけないとなってくると、ものすごくハードルが上がってしまいますよね。

プロのお笑い芸人ですら、話せるようになるための最初の訓練は「見られること」「声を出すこと」です。

ここが抜けて、発声法とか、話の組み立てとか、声の出し方を学んでも仕方ありません。話し方の基礎力として、どのレベルにいようとも「強いハート」は必須です。

第2章

なぜ、あなたの意見は共感されないのか？

◉「ユニバーサル・トーク」の共感と再構築

自分の意見を伝えるのではなく、相手の考えを理解する

第1章では、家族型社交から公共型社交への移行を意識しなければ、誰にでも通じる話し方・伝え方、つまりユニバーサル・トークはできないことを説明しました。

では、このユニバーサル・トークを実践するにはどうすればいいのでしょう？

公共型社交を意識するとはどういうことなのでしょう？

ふつうの話し方・伝え方のテクニックでは、自分の立場の正当性をいかに伝えるかを考えます。

しかし、ユニバーサル・トークは違います。何度も書いていますが、ユニバーサル・トークということは、「誰にでもわかるように」が肝です。

そのための取っ掛かりは、**自分よりもまず相手の考えを理解する**ことです。

ポジショニングマップのつくり方

ユニバーサル・トークを使うときも、単純なポジショニングマップをつくると、より自分と相手の立ち位置が明確になります。

一番シンプルで汎用性があるポジショニングマップは「男性⟷女性」「仕事あり⟷仕事なし」あたりでしょうか。あるいは、「男性⟷女性」「大人⟷子ども」という分け方もあるでしょう。

このポジショニングマップは、ある程度、経済や数理を学んでいる人にとっては慣れない考え方ではないんですが、それ以外の方には難しく感じるかもしれません。

自分とまったく同じ考えを持っている人は多くありません。違う意見を持っている人というのは無数にいて、たとえば日本人の立場として国際問題を考えるときには、アメリカ人だったら、アラブ人だったら、フランス人だったら、ドイツ人だったら、韓国人だったら……と考えると際限がなくなります。しかし、このように2本の線を十字に引いて、４つの考え方で分析するくらいなら簡単です。

図5
ポジショニングマップの例

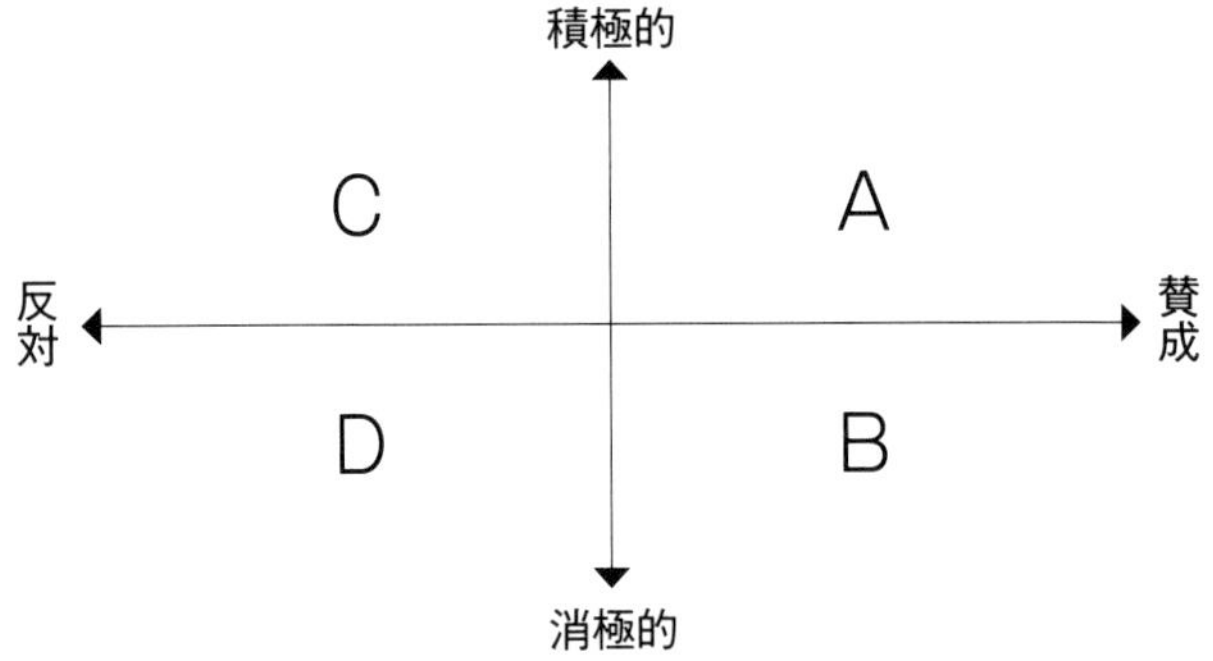

話題によって対立軸は変わりますが、だいたい意見が分かれそうな軸で考えてください。

慣れないうちは実際に紙に書いてみてください。それも難しい場合は、箇条書きからはじめてみましょう。慣れてくると、頭の中で自然にできるようになります。

何か物事を決めなければいけないときというのは「賛成↔反対」という対立軸も考えられます。

同じ賛成、同じ反対でも、それが「積極的↔消極的」という対立軸もあります。

もちろん、この対立軸は直面する問題に応じて変えなければなりませんが、ここでは便宜上、この2本の対立軸で考えてみましょう（図5）。

仮にあなたが「反対だけれども消極的」というDの立場にいるとします。自分の意見を通すために、あなたはどのようにプレゼンするでしょうか？

相手に共感し、再構築する

自分と同じ立ち位置にいる人に対してなら、理屈も、気持ちも、共有するのは簡単でしょう。いわゆる家族型社交になるわけですから。

しかし、それ以外の人に、どんなに一生懸命自分の意見の正当性を述べても、なかなか理解してもらえません。なぜなら、違う立ち位置と話す時点で、公共型社交の場が生まれているからです。

では、どうすれば公共型社交で通じる話し手になれるのでしょう？

ユニバーサル・トークでは、あえて自分の意見について最後の最後まできれいにまとめる必要はありません。

むしろ、自分が共感できない、もしくは自分とケンカになるかもしれない人たちのこ

図6
共感と再構築、答えの出し方のイメージ

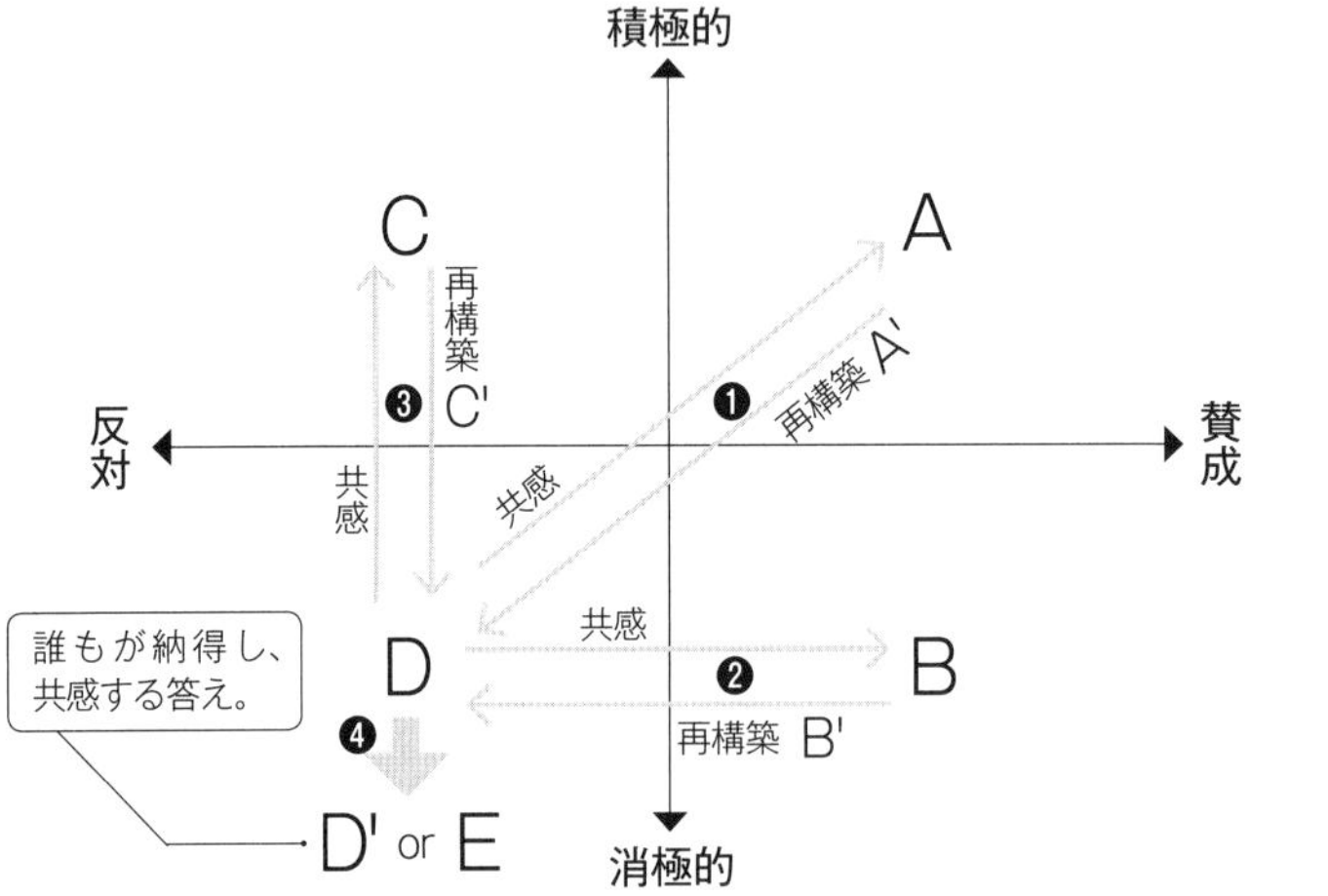

とを徹底的に考えるんです。どこまで徹底的かというと、**相手の意見に「共感」し、自分の言葉に再構築する**までです。

「それでは、自分の意見を押し通せないのでは？」

　おっしゃるとおり。しかし、がっかりしないでください。この段階においてはそれでいいんです。それがユニバーサル・トークの基本です。

　少人数で話すときのユニバーサル・トークは、自分が一方的に話すのではなくて、相手に意見を求めていって、相手の顔色を見ながら……、と言うと表現としてネガティブですが、どれぐらい共感してくれているか、賛成してくれるのか推し量りながらつくっていくものです。

66ページのポジショニングマップに要素を追加したもので考えてみましょう（図6）。A〜Dの立ち位置があります。「反対だけれども消極的」というのはDに位置して、そのほかのA〜Cと対立しています。

◉誰もが納得する答えのつくり方

では、前項で説明したとおり、対立する相手の意見を徹底的に考え、共感し、再構築するというプロセスを通ってみましょう。

極端にまとめると次のようになります。

「確かにAもわかるよ（共感）。A'だもんね（再構築）」
「確かにBもわかるよ（共感）。B'だもんね（再構築）」
「確かにCもわかるよ（共感）。C'だもんね（再構築）」

なぜ、このようなプロセスを通る必要があるのでしょう？

人間というのは、相手が共感してくれた分、そのお返しとして自分の中にも相手に対して共感する余地が生まれるものです。

ここまでくれば、自分の意見を理解してもらうのも簡単になってきます。次のように主張するんです。

「AとBとCの考え方もよくわかる。だから、それぞれの主張を取り入れながら、D'という方向性を探るのはどうだろうか？　あるいはEという方向もあるよね」

これがユニバーサル・トークです。

ユニバーサル・トークというのは、自分の考えDを是が非でも通そうとするテクニックではありません。

みんなの意見を取り入れて一つになるように、再構築したA'とB'とC'をひっくるめてD'やEのような答えをつくることなんです。具体例については、章末のコラム（88ページ）にまとめています。

意外とシンプルな共感の仕組み

こうして見るとユニバーサル・トークの共感のプロセスはすごく理屈っぽく感じます。

しかし、1対1の場面で考えてみると、もう少しスッキリするのではないでしょうか？

刑事ドラマか何かで、刑事と犯人の次のようなシチュエーションを見たことがあるはずです。

「だからあなたは彼を殺してしまったんですね。私が君の立場だったらきっと……。早くにお父さんを亡くされたあと、女手ひとつで育ててくれたお母さんがあんなことになったんだから。あなたはもう1人の被害者だと言ってもいい」

「け、刑事さん……！」

「しかし、あなたが死に物狂いで究極のラーメンをつくったように、私も刑事という職責に誇りを持っています。だから、どうしてもあなたの腕に手錠をかけなければならないのです」
「わかりました……」

みたいな、犯人が情にほだされるようなものだと考えてください。できるだけ批判する言葉ではなく、「わかるよ、その気持ち」と感情を乗せて言葉をつくっていくんです。

僕が「朝日新聞」で連載している「悩みのるつぼ」という人生相談コーナーもユニバーサル・トークで考えています。

相談者の考えに対して、「あなたの考えは間違っている！　だから私の言うとおりにしろ！」と伝えてしまうと、相手は絶対に動きません。

「あなたはこれを選んだんですね？　わかりますよ」と共感し、僕の意見を伝えることでやっと相談者の足元をぐらつかせることができるんです。

これが伝わる瞬間です。結局、それぐらいしか人間にはできませんが、それで十分なんです。それが共感であり、わかる、伝わるということなんです。

共感の輪を広げて味方を増やす

じつは、ユニバーサル・トークの効用は、相手に共感してもらえるだけではありません。共感を通り越して、相手が自分の味方になってくれる可能性も広がるんです。

どういうことかというと、たとえば、あなたが60歳で再婚を考えている男性になって、知人のAさんに相談している場面をイメージしてみてください。

「オレ、来年60歳だけど、彼女と結婚したいと思ってるんだ」（あなた）
「え！　無理じゃないの？」（Aさん）
「何でよ？」（あなた）

ふつうに考えると、こうした対立が発生し、お互いの意見は平行線のまま続くことになります。

では、ユニバーサル・トークを使うとどうなるでしょう？

「オレ、来年60歳だけど、彼女と結婚したいと思ってるんだ」(あなた)
「え！　無理じゃないの？」(Aさん)
「やっぱり『え！』っと思う？　そうだよね」(あなた)

このように、まずは相手の意見に同意します。
そして、自分が最初に持っていた結論をあえて捨てて、2人の間で新しい結論をつくることを意識するんです。

「まあ、再婚じゃなくて、とりあえず今は同棲《どうせい》だけでいいんじゃないの？」(Aさん)
「やっぱりそうかな。同棲からはじめようかな」(あなた)

ここまでは、すでにお伝えしたユニバーサル・トークの共感のシステムです。
では、あなたとAさんのところにもう1人、Bさんが現れるとどうなるでしょうか？

「オレ、来年60歳だけど、彼女と結婚を前提に同棲しようと思うんだ」（あなた）
「ええー！　どうせ長続きしないよ」（Bさん）
「そんなことないと思うよ。彼、今すぐ結婚したいと言うくらい彼女に本気なんだ」（Aさん）
「確かにオレは飽きっぽい性格だからBさんの言うこともわかる。ただ、とりあえずは1年間がんばってみるよ」（あなた）

ここがユニバーサル・トークのもう一つの効用が生まれた瞬間です。わかりますか？

あなたがBさんと意見が対立したとしても、あなたと一緒に結論をつくったAさんは、あなたの味方になってくれるんです。

もちろん、この場合も同様に、Bさんを含めた3人で結論をつくることを意識しなければなりません。そうすれば、どんどん共感の輪が広がり、味方が増えていくんです。

自分の考えは常に動いてOK

いま言えるのは、「誰にでも伝わる」というのは、話し方のテクニックとは違います。

ユニバーサル・トークの「誰にでも伝わる」というのは、話し方のテクニックとは違います。

周りの人たちとの対話を重視して、そこで出た結論をみんなの結論にしてしまうということです。つまり、自分の考えは常に動いてしまう。

だからといって、自分はコロコロ考えの変わるカメレオンみたいな人間ではないかと、ネガティブにとらえる必要はありません。

こっちではこういう結論、あっちではああいう結論になったという矛盾をあえて受け入れるんです。

僕も含めて人間というのは自分が思っているほど賢くありません。つい、自分の立場だけを考えてしまいます。

「三人寄れば文殊《もんじゅ》の知恵」ではないですが、自分の結論を押しつけることを目的にするのではなく、みんなで意見をつくることを目的にすべきなんです。

次項では、その典型例をお伝えします。

ニコニコ生放送は典型的なユニバーサル・トークでできている

ここまで読んで、「理屈はわかるけど、本当にできるの？」と疑問に思っている方もいると思います。

じつは、僕はいつもユニバーサル・トークを意識しています。

とくに、ニコニコ生放送をやっているときなど、強く意識せざるをえません。

僕よりずっと年下の若者が、メインの視聴者だということもあります。が、何よりも、ニコニコ生放送のコメント表示システムによるところが大きいんです。

ニコニコ生放送は視聴者それぞれが自分のパソコンや携帯電話から、自分の意見を、コメントとして投稿することができます。

僕が映っている画面には、次々と投稿されたコメントが表示され、右から左へ流れていきます。ほぼ同時にいろいろな人からコメントが投稿されると、何段にも積み重なって表示されます。もっと多いときは、文字の流れるスピードが速くなります。

コメントが大量に投稿されると、僕の顔も見えないほど、画面全体が10行以上のコメントで埋め尽くされ、すごい勢いで流れて消えていきます。

ちょっと気になること、気に入らないことを言うと、「それはどういう意味だ?」とか、「死ね」「なるほど」などの文字であふれかえります。

そういうコメントをいくつか拾って、答えながら放送を続けるんですが、ここで展開している話し方が完全にユニバーサル・トークです。

話しはじめのころは、僕に対して何でも賛成する人がいるかと思えば、何でも反論する人もいるし、懐疑的に見ている人もいます。

ところが、だいたい10~15分ぐらいすると、何となく一つの仲間意識みたいなものが生まれてくるんですね。

この仲間意識の中で出てきた結論には、不思議なもので、反対意見が流れません。何万人ものほとんどの視聴者が支持しているように見えます。

自分の意見を最初から何万もの人が納得している状態というのは、それは単なる常識か、逆に洗脳か、どちらかです。

しかし、**僕が自分自身の意見すらも、視聴者のコメントの影響によって変えていく様**

子を見せているからこそ、視聴者が納得してくれるという構造になっているんです。

もちろん、何万もの人がいっせいに納得するわけがなく、最後の最後まで反論する人はいます。しかし、番組が終わったあとにアンケートを取るんですが、95パーセントぐらいまでの人が番組全体に満足してくれています。

ユニバーサル・トークの応用編

「話上手な人」と言うと、真っ先にお笑い芸人をイメージする人も多いかもしれません。確かに、彼らはユニバーサル・トークの達人とも言える人です。

「人志松本のすべらない話」など、お笑い芸人がテレビで楽屋話をすることがよくあります。

本来、楽屋話というのは家族型社交での会話です。視聴者の生活とはまったく関係ないので、聞いたってよくわからないし、面白いはずがありません。

ところが、いざテレビで彼らの話を聞いてしまうと、スべるどころか、見ているこちらも爆笑してしまいます。不思議だと思いませんか？

単に内輪ウケの楽屋話だったら、知り合いの「売れていない芸人」がどんな失敗をしたとか、どのように彼女にフラれたとか、オチだけ言ってワッハッハと笑って終わりです。

しかし、テレビで放送されている楽屋話はユニバーサル・トークの応用例の一つです。「知り合いの売れてない芸人」の像が広く伝わるように、共感してもらえるように、だれにでもイメージしやすい言葉を散らしながらオチまで持って行くんです。

芸人の話を聞きながら一緒に大笑いした瞬間、視聴者はその芸人が持っている家族型社交空間に受け入れられている気分になれます。

話が上手い千原ジュニアさんのような芸人が人気なのは、視聴者がいつの間にか彼らを身近に感じてしまうからです。

意図して家族型社交を飛び出して公共型社交に向かうのがユニバーサル・トークの基本ですが、自分の家族型社交空間の中に相手を引きずり込むことができれば、自分の話はどんどん通じやすくなります。

彼ら芸人はまったく逆のことをしているように見えますが、ある意味公共型社交と家族型社交の空間の違いを理解したうえでの、プロ芸人ならではの「ユニバーサル・トーク応用例」と言えるでしょう。

プレゼンで意識するユニバーサル・トークの使い方

本書の読者には、プレゼンなどの会議の場で自分の意見を通したいというニーズを持ったビジネスマンが多いのではないでしょうか？

もちろん、ユニバーサル・トークはプレゼンの場でも使えます。しかし、ちょっとした工夫が必要なことは付け加えておかなければなりません。

限られた時間の中でユニバーサル・トークを使うと、対立する意見に対して「確かにそれもすごくいいです。僕も個人的には好きです。でも、今回はウチのA案が一番ふさわしいと考えています」というプレゼンになってしまうでしょう。

しかしこれでは、プレゼンする側の意思が優先されているのがあからさますぎます。あるいは、第3章から説明する「戦闘思考力」の「言い返し能力」を鍛えれば、ユニバーサル・トークで半ば強引に自分の主張を押し通すことはできるかもしれません。しかしそれは、どちらかと言うと下策です。

一度うまく説得して自分の思いどおりの企画を通したとしても、相手は「もしB案にしていたらどうなっただろう?」「もっと自分の意見をきちんと伝えるべきだったかなあ」などのネガティブな感情を引きずることになります。一度目は成功しても、二度目は通用しない可能性が高くなるんです。

では、どうすればいいか?

先ほど、ユニバーサル・トークを上手に使えば味方がどんどん増えるという説明をしました。これを意識することになります。

プレゼンのできるだけ早い段階で、意思決定にパワーを持っているグループの共通価値観を見極めます。そしてその価値観に共感、再構築するプロセスをへて、すぐに自分の企画のプレゼン内容に含み込むんです。つまり、**自分の意見というよりは、「仲間になった新人」の意見として、企画をプレゼンする**んです。

最強の味方が増える分、押しつけがましさを感じさせることなく、意見を通しやすくなります。

社内コンペであればもっと簡単ですね。ぶっつけ本番ではなく、事前に社長や部長の考えをリサーチしておけば、かなり完成度の高い企画書を用意することができるでしょう。

セールスで意識するユニバーサル・トークの使い方

プレゼンに限らずセールスなど、本書を役立てたいと考える営業マンもいらっしゃることでしょう。

たとえば、自動車のセールスで考えてみましょう。

自分が売りたい自動車がトヨタ車であれば、そのお客さんがどのようなニーズを持っているかというのは特定できます。

しかし、「なぜ買ってくれないか」については、対立軸をつくってその理由を考えます。たとえば、「自動車がいる⟷いらない」。「トヨタ車が欲しい⟷トヨタ車はいらない」というイメージです。

そして、対立する位置にいる人に対して「でもこちらのほうがお得なんですよ！」などと説得しようとするのではなく、「それも素敵ですよね」「確かにそのほうがお得ですよね」とあくまで共感します。

すると、なんということでしょう、巧みな話術にほだされたお客さんがトヨタ車を買ってくれたではありませんか、というほど、もちろん簡単にはいきません。

せいぜい、お客さんの考えに対して共感してくれたあなたを微妙に好きになってくれる程度でしょう。

しかし、それでまったく問題ありません。

セールス自体は成立しないかもしれませんが、**自分に好印象を持っている人たちを大勢抱えることによって、将来的に買ってもらえる確率を高める**ことはできます。

ただし、もともとユニバーサル・トークが強みを発揮するのは、誰にでも通じることを目指した話し方・伝え方です。**ブログやユーチューブなどで不特定多数の人に向けて、自分のやりたいことや、売りたいものを伝えるときの技法**になります。

ぜひ、そうしたことを意識して、セールスにユニバーサル・トークを使ってください。

偽ユニバーサル・トークと対処法

ユニバーサル・トークの共感の重要性について語ってきましたが、ついつい陥りがちなのが次のようなケースです。

「Bという意見もおっしゃるとおりです。しかし、やはりAで行きましょう」

これは、決裁権を持つプロジェクトのリーダーや町内会の会長が使いがちな手法です。ほかの人の話を聞くフリはするんだけど、共感というプロセスをすっ飛ばして、「知ってますよ」「すでに考えてましたよ」「検討ずみです」というニュアンスで答えてしまう。「わかるよ」と言うべきところを「わかってたよ」と言っちゃう。

彼らにはすでに決まっている結論があるわけですね。そして「おっしゃるとおりです」と、議論を避ける方法も知っている。リーダーを務めるくらいだから頭が良いし、自分なりの結論を思いついちゃう。しかも確信している。

一度身につけたはずのユニバーサル・トークも、このように単なる技法としてだけ使っている場合、威力はどんどん衰えていきます。これでは、相手は納得してくれません。大事なことは、共感をいかにして得るかということです。そのためには、まずは自分から相手に本気で共感しなければならないのはすでに述べたとおりです。

逆に、決裁権を持った相手がこの手法を使ってきたときはやっかいです。そんなときは「偽ユニバーサル・トーク破り」として、次の手法を参考にしてみてください。

たとえば、Aに決まった前回の打ち合わせから間を置いて、次の打ち合わせで相手に次のように聞いてみます。

「前回、Bという意見が出ましたね。あなたも、あの場では『おっしゃるとおり』とおっしゃいました。私もそう思いましたが、折衷案を出すまでには至らず、結局Aのままで行くことにずっと心の中で引っかかりがあったんです。で、今、私はCと考えています。あなたはどう思いますか？」

すると、相手は「おっしゃるとおりです」と答えるでしょう。

そこですかさず、「やはり引っかかりがあったんですね？」と確認します。

相手が自分の口で、「いやあ、じつは私も前から気にしてたんだよ」と答えたら成功です。それは演技だけでは言えません。人間、恐ろしいもんで、自分の口で言ったことを自分で信じちゃいますから。とくに頭が良い人ほど言霊《ことだま》に操られます。

「前から引っかかって気にしてたんだよ」と口にした瞬間に、前に決めたことを本当に気にしちゃうんですね。こうなると、B、Cという提案を聞いたあとに、Aという結論に戻そうとしてもなかなかできません。絶対にAという結論は、ちょっとずつBやCの要素が入ったものになっちゃうんです。

最後に行き着いた話し方がユニバーサル・トーク

このユニバーサル・トークというメソッドを考えついたのは、「話し方・伝え方というテーマで話してほしい」というある講演依頼がきっかけでした。「話し方・伝え方」を解説するには、どういう形がいいのか？　具体的な技術論も考えてはみたんです。

「5W1Hで説明する」とか、「最初に結論を言って、そのあと説明する」とか、「場面に応じて使い分ける鉄板フレーズ」みたいなものとか……。

でも、そういうのはある意味、巷《ちまた》にいくらでもある話し方マニュアルになってしまいます。

結局、一度リセットして、僕自身がいつもどういうふうに考えて、どう話しているのかを、できるだけ論理的に説明してみようと考えたときに、この「ユニバーサル・トーク」という言葉に行き着きました。

ユニバーサル・トークは、練習して少しずつ身につけましょう、というエクササイズ的なものではありません。

共感力が基本です。**共感さえすれば、賛成してもらえなかったとしても大きな利益が残ります。**

たとえば、自分が結婚を決めたときに、家族が賛成してくれないとします。

ふつうはパートナーの素晴らしさを家族にプレゼンして説得するというのが唯一の方法です。わかってもらおうと、ただひたすら話す。

でも、今後、それは一切しないでください。説得じゃなくて共感してください。

「うん、その不安もわかる、お母さんが心配してくれるのもすごいわかる。私もなんかそう思う。そういう不安も正直、心の中にある」

相手の言っていることに、まず全面的に共感します。わかったフリじゃダメです。本当に共感するのが大事です。

誰だって、結婚は不安なんです。まして、家族が心配するような要素に関しては、自分自身でも不安でないはずはありません。落ち着けば、共感できないはずはありません。

共感すればするほど、「だったらやめなさいよ」と言われますが、そこは「でも結婚します」と自分の「結論」だけ伝えるんです。

そのときに、説得も説明も一切必要ありません。

当然、賛成してくれる可能性は低い。けれども、そうやってつくった関係は生きつづけます。

結婚後に、何か相談事や頼み事を持っていったときに、もう1回、共感を捕まえやすくなるんです。そこが、結婚に賛成してもらえないせいでケンカ別れしてしまったり、ゴリ押しで無茶な説得をした場合とは、あとで大きく違ってくる点です。

1回きりで自分の話を伝えようとか、自分の話に賛成してもらおうと焦ってはいけません。**何度も話し合いをして一緒につくり上げた結論や認識が増えれば増えるほど、関係は良くなっていく**んです。

多人数に、誰にでもわかるように、みんなの気持ちを拾いながらやっていくことと、このように長期的にその都度その都度、相手の気持ちを拾い自分の意見も進化させながら続けていくコミュニケーション。

どちらも、長期的な戦略で見ると必ず得になるはずです。

コラム

原発再稼働について賛成？　反対？　ユニバーサル・トークの実践例

理屈だけ聞けば、「そんな単純なことで本当に伝え方がうまくなるのか？」と思うかもしれませんね。

そこで、ユニバーサル・トークの仕組みを具体的な例に落とし込んで考えてみたいと思います。

「原発再稼働について賛成？　反対？」という問題を使います。対立する考えを持つ人たちに自分の主張を理解してもらうために、ユニバーサル・トークだったらどうするか？

とりあえず、賛成か反対かを考えて、自分の意見をつくります。

どっちでもいいですが、仮に原発再稼働賛成の立場で、組み立ててみましょう。

僕が考えた対立軸というのは、次ページの図のように「エリート不信⟷大衆不信」「合理性⟷正義感」です（図7）。

横の軸は、その人の不安、つまり「何を信じられないか？」を表します。

右端はエリート不信、すなわち「ズルい権力者がいて無力な庶民をいじめている」とい

図7
原発再稼働の是非を考えた場合

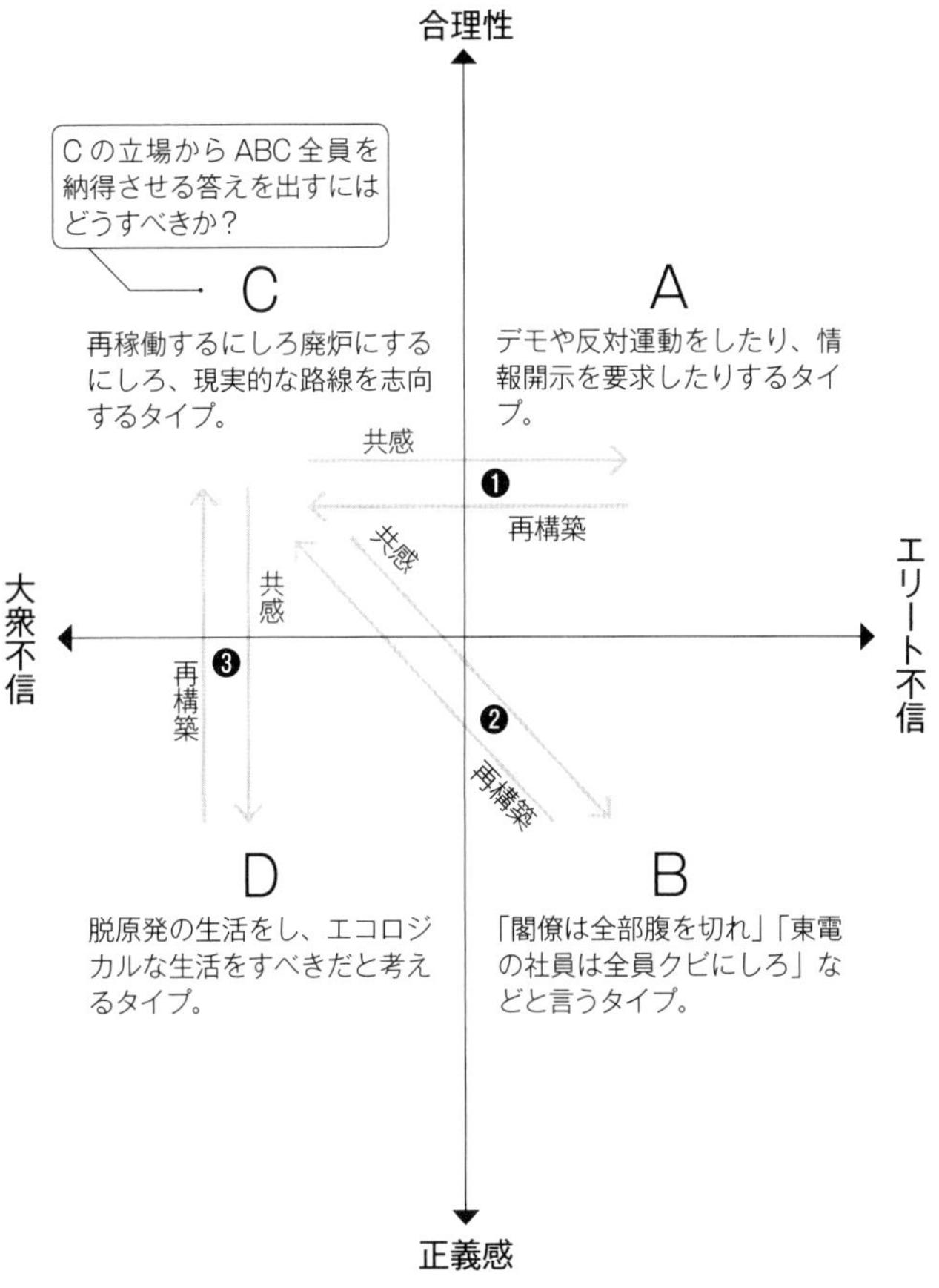
合理性
正義感
大衆不信
エリート不信
Cの立場からABC全員を納得させる答えを出すにはどうすべきか？
A
デモや反対運動をしたり、情報開示を要求したりするタイプ。
B
「閣僚は全部腹を切れ」「東電の社員は全員クビにしろ」などと言うタイプ。
C
再稼働するにしろ廃炉にするにしろ、現実的な路線を志向するタイプ。
D
脱原発の生活をし、エコロジカルな生活をすべきだと考えるタイプ。
共感
❶
再構築
共感
❷
再構築
共感
❸
再構築

う考え方。「政治家とか電力会社は信用できない」という向きです。

反対の大衆不信とは「ルールやマナーを守らない奴らが社会を悪くしている」という考え方です。「何かにつけて反対と言うのはパニックを煽《あお》っているみたいでかえって危ないし、バカみたいでイヤだな」という向きです。

縦の軸はその人の信念、すなわち「何に重きを置いて発想・行動するか？」を表しています。

上方は合理性、つまり「善悪ではなく現実的かどうか」という考え方。「やめるにしても、これから先、さらに技術者や代替エネルギー源が必要だ」という向きです。

下方は正義感、「どうあるべきか？」で判断を下します。「そもそも原子力なんて人間には扱えっこないんだから、もうやめておこう」という向きです。

さて、僕が位置しているところは左上のCになります。端的にその理由をまとめてみましょう。

Cの大衆不信の理由

原発事故後の東京電力の説明は、確かに無様。信用できない気がする。でも、人間誰しも大事故を起こしたら、説明がしどろもどろになるのは当たり前、同情できる。

それに比べると、パニックを起こして買い占めに走った人たちは、同情できない。近所のおじいちゃん、おばあちゃんをはねのけてパンや水を買い漁《あさ》るような連中は大嫌い。

Cの合理性を追求する理由

原発を廃炉にするにしろ、これから500年から1000年レベルの年月をかけなければならない。そのためには、理系にさらに優秀な人材を割かなければいけない。

もし、原発をいっせいに止めてしまったら、専門家が減る一方で増えない。就職希望者はゼロになりそう。

したがって、あえて原発を再稼働させて人材を育成しなければならない。今ある原子力発電所すべてを訓練用の施設だと考えて、徐々に火を止める方法を考えるしかない。

併せて、日本のエネルギーをどこから得るのかという問題を考えることが大事。

つまり、僕は、ネット炎上などパニックを起こしやすい大衆に不信感を持っていると同時に、合理的に考えるような人間なんです。

こうして、まずは自分の立ち位置を明確にします。

◉ユニバーサル・トークの方法

次に、自分の立ち位置であるC以外の人たちの意見を考えてみましょう。

「特徴」「共感」「再構築」という3段階で分析してみます。

A「合理的でエリート不信の人」の特徴

デモや反対運動をしたり、情報開示を要求したりする。

CからAに対する共感

「政治家や官僚を突き上げて電力会社に原子力発電の情報開示をさせなければいけないという気持ちはわかるよ。だって不安なんだもん。その不安を解消する必要もあるし、そもそも今後も同じことが起きないとも限らないからね」

CからAに対する再構築

「また同じことが起こるかもしれないから、今権力を持っている人に一度それを手放してもらって、僕らが再チェックしていくしかない。チェックをサボってきた自分たちの責任でもあるからね」

B「合理的でなく正義感でエリート不信の人」の特徴

「閣僚は全員腹を切れ」「東電の社員は全員クビにしろ」と言う人。原子力全体に、人間が触れてはいけない穢《けが》れみたいな思想を持っている。

CからBに対する共感

「もともと日本は世界で唯一の被爆国なのに、なぜ原子力を制御できるなんて思ったんだろうね。確かに原発のおかげで生活が便利になったかもしれないけど、事故が起こればいまだに多くの人が故郷を奪われている。国土を失ったと同じことだし、今も放射性物質が撒き散らされ地球環境も汚染されつづけている。僕たちはおろか、僕たちの子どもや孫など、何の罪もない人も損害を被ってしまう。今の原子力村の利権構造の中にいる政治家とか電力会社の偉い人はどうしようもないよね」

CからBに対する再構築

「権力者には1回引退してもらう、もしくは辞めてもらうかたちで、責任を取ってもらうしかない。逮捕することもありかもしれない。そして徐々に、同じような事故が起きないような社会をつくっていこう」

D「パニックは嫌だけれど正義感を強く持ってる人」の特徴

とくに反対運動をするわけではないが、エコロジーの観点で、脱原発の生活をし、省エネ生活をすべきだと考えている。

CからDに対する共感

「省エネ家電が増えたり、日本の人口は減ったりして困ると言っているんだから、原発をはじめとした発電設備も少なくなって当たり前だよね。しかし、論点をすり替えるように賛成・反対と二項対立で語るからパニックを煽るんだよね」

CからDに対する再構築

「原発再稼働について、自分たちの生活がまるで人質に取られたようなかたちで賛成か反対かで語られているようで不快だよね。民衆をバカにするにもほどがある。もし民衆がバカなんだったら、事故を起こした科学者も政治家も同じぐらいバカだろう。そんなバカが集まっている国なのだから、難しい技術を使うのをやめて、自分たちの責任の範囲内ででききる生活のサイズに縮めるべきだよね」

以上のように、それぞれに対して共感と再構築をしたうえで、自分の立ち位置を改めて考え、次のように説明することで、受け入れられやすくなるんです。

Cの立ち位置からの結論

「でも、今ある原発を一挙に廃炉にできるのだろうか。日本にある何十基という原子力発電所を完全に廃炉するにはそのための技術者が必要だし、そのうえより善良で有能な人が必要になる。これからは原子力発電所を段階的に縮小するにしろ廃炉するにしろ、そのたびごとに何が危険かをきちんと説明する人もいっぱい必要だ。そして、日本のエネルギー事情も考慮することも必要。だからこそ、再稼働させたうえで、政治家や電力会社に任せずに、市民である僕らが知恵を集め監視しながら、徐々にとろ火にしていくような方向で進めていこう。そして同時に、代替エネルギー源を開発していこう」

いかがでしょうか？　最後のCの結論はA、B、Dそれぞれの意見を再構築したうえで出したものです。

ユニバーサル・トークというのは、自分の考えていることを話すのではありません。自分の考えていることを一つの立場として、そのほかの人が考えるであろうことを全部混ぜて結論を出すことです。その際には、自分の最初の意見を変更させる柔軟性と論理力が必要なのです。

それが、次章の「戦闘思考力」になります。

第3章

「話し方」を武器にする

◉「戦闘思考力」のギアの概念

ユニバーサル・トークは「戦闘思考力」で完成する

本書のタイトルは『頭の回転が速い人の話し方』ですが、いよいよこの第3章からその核心部分に迫ります。

「じゃあ第1章、第2章は関係ないじゃないか！」と思われるかもしれませんが、「ユニバーサル・トーク」を理解せずに頭の回転力を鍛えるのは、野球のルールを知らずにピッチング練習ばかりしているようなもので、実戦では使い物になりません。

とはいえ、ユニバーサル・トークを理解したところで、頭の回転力がないのでは、まともなピッチングやバッティングができずして野球をするようなもんです。

やはり、一瞬でその場の力関係を読み取る察知力とか、臨機応変に切り返せる能力がなければ、ユニバーサル・トークの基本である共感のシステムも絵に描いた餅《もち》になって

図8
ユニバーサル・トークと戦闘思考力の関係

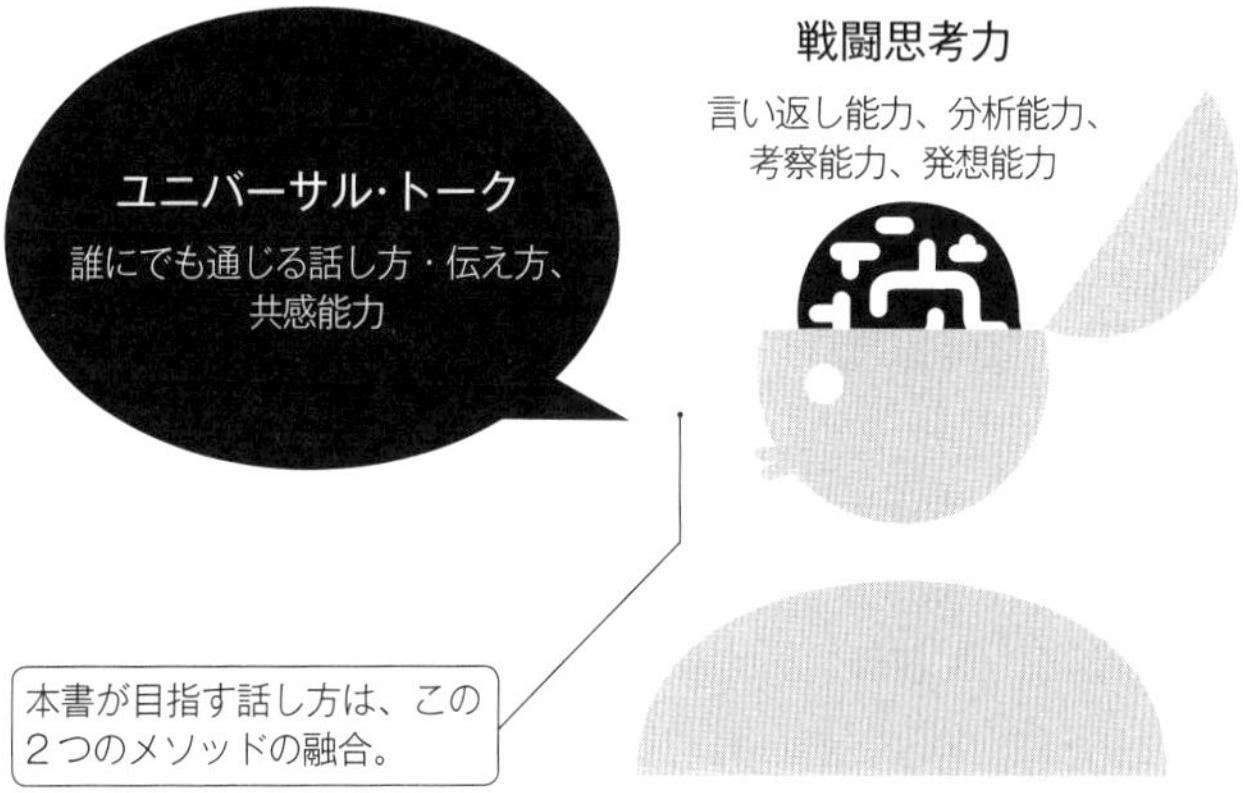

ユニバーサル・トークが十分にできて、はじめて状況・相手に応じて戦闘思考力が機能する。とくに共感能力がないところでは、戦闘思考力は空回りしてしまうので注意。

しまいます（図8）。

どんなに優れた武器も、それを使いこなすための腕力がなければ役に立たないし、定期的にメンテナンスをしないと錆《さ》びついてしまいます。

では、ユニバーサル・トークにおける「腕力」とは何でしょう？

ユニバーサル・トークが自動車だとしたら、エンジンとは何でしょう？

それが「戦闘思考力」です。

詳しくは次項以降に説明しますが、**頭の回転を速くしたり、遅くしたりする、つまり思考のスピードを上下させ、場の空気を察知し、臨機応変に話すことができる能力**なんです。

頭の回転をコントロールすることなんてできるのか？　と思われるかもしれません。

確かに、持って生まれた才能や環境によって個人差はありますが、鍛えることはできます。

『HUNTER×HUNTER』から生まれた「戦闘思考力」

「戦闘思考力」というのは聞き慣れない言葉ですが、当たり前。これも僕の造語です。

僕が好きな「週刊少年ジャンプ」の漫画『HUNTER×HUNTER』（冨樫義博・作）の中で「戦闘考察力」という言葉が登場します。

15巻、主人公ゴンを鍛える師匠ビスケが、修業中の彼を見つめながら、こうつぶやきました。

敵を観察し分析する力
そして敵を攻略するための手段を戦いながら瞬時に考える力
すなわち戦闘考察力!!
様々なタイプの敵と戦わねばならない念での戦闘…
そこで最も大切な戦闘技術とは〝思考の瞬発力〟!!
「いかに対処するか」をすばやく幾通りも考え取捨選択し
適切な対処法を実行に移すまでの刹那!!
まずは考えることに慣れ
それを限りなく反射へと近づける訓練!!

僕はこれを読んで、面白いなあと思いました。

戦闘思考力とはすなわち思考の武道

経験値が低い人間が戦場でどうやって生き残るのかというと、闘いながら考えるしかありません。サッカー日本代表元監督のイビチャ・オシム氏が「走りながら考える」サッカーを目指していたそうですが、それに通じるところがあるはずです。

いざ闘いがはじまれば、「こんな敵が来るだろう」とか、「こういう技をやって」「こんな弱点があって」とかを、あらかじめ調べたり、メモを見ながら闘うような暇は絶対にない。

そんなことをやっちゃったら考える前に死んでしまう。

そうじゃなくて、**闘いながら考えて、最適の手順を頭の中で瞬間的に組み立てなきゃいけません。**

この戦闘技術を、僕たちが生活したり仕事するときの「頭の使い方」にまで落とし込んだのが戦闘思考力です。

戦闘思考力とは本来、アイデアを出すときや、今の僕みたいに文章を書くときにも、人と話すとき、相談に乗るときなどの対話にも使えるメソッドです。

◎とっさに振られても、面白いことが言えるようになりたい人。
◎会議やコンペで、一目置かれる存在になりたい人。

◎自分だけではなく、相手も引き立たせるトーク術を覚えたい人。

そうしたニーズに応えるために特化した「思考の武道」です。

今、僕はこうして戦闘思考力を使っている

僕はさまざまな講演や講義を受け持つことがあるんですが、そこでの受け答えが戦闘思考力の実践例ともいえます。

僕は講演依頼がきても、何を話すかはギリギリまで考えません。もちろん、テーマは決まっているし、前もって簡単なレジュメまではつくっていますが、具体的に何を話すかまでは考えない。考えないけど、何日か前から緊張状態だけがあります。

「緊張するんだったら準備すりゃあいいじゃん」と思われるかもしれません。

僕も、昔はそうしていました。

が、今はきっちり準備をしてしまうとあまり面白いお話にならないんです。

そもそも完璧《かんぺき》に準備することが大切だったら、その内容を落とし込んだレジュメを

配って読んでもらえばいいだけの話です。

しかし、講演などではレジュメの内容以上にお客さんを楽しませなきゃなりません。だから僕は、講演の30分くらい前まではわざと考えないようにしているんです。30分前に近くの喫茶店に入って、簡単なレジュメを読み返しながら、それをどう展開させていくかをいろいろな方向から考えます。そしてその30分で考えたことを、順序立てて話すわけです。

そもそも、会場に行ってみないことにはどんな人が来るかもわからないわけです。女性ばかりかもしれませんし、若いお兄ちゃんばかりかもしれません。いくらきちんと事前準備をしても、その「きちんと」の部分はほとんど役に立ちません。

相手が誰だろうと、どこだろうと対応できる

実践においては、事前の準備よりも、むしろ「入り方」がとっても大事なんです。「入り方」というのは、柔道で言えば組み手争い、講演で言えば前振りです。

この前振りを何のためにやるのでしょう?

まず一つには、講演というのはたいてい遅刻する人がいます。ですから、最初からフル回転で話すと、遅刻してきた人を完全に置いてけぼりにしてしまいます。

二つ目は、話しているときのお客さん全体の首の縦振り度、うなずき方の頻度とか、こっちが話してからどれくらいの秒数でうなずいてくれるのかを見て、これがそろうのを待つためです。

僕は「全体の温度を一定にする」と言っています。温度がバラバラの状態で話をはじめてしまったら失敗します。

そもそも講演では、前から3列目くらいの人はすごく熱心に聞いてくれます。後ろのほうは「なんだかよくわからないな」という雰囲気になる場合が多いんです。それは、冒頭に温度を一定にさせていないからです。

落語家が、最初に枕《まくら》とか小噺《こばなし》をするのと同じですね。あれも客席全体の温度を一定にするのが目的です。客席の温度が一定になれば、「そこそこ」の話でみんなが面白がって沸くようになりますから。

この温度管理ができるようになれば、人前で話す商売は半分できたようなもんです。

時間を見ながらいろんなハプニングを想定しつつ、リアクションに応じた話し方をすることで、属性の異なるお客さんたち全員を聞く態勢に整える……。これはマニュアルがあってできるものではありません。

このように、**相手が誰であろうと、場所がどこであろうと、臨機応変に対応し、かつ場をコントロールできるのが戦闘思考力の強み**と言えます。

僕が戦闘思考力を鍛えた話

ちなみに、今振り返ると、僕が戦闘思考力を鍛えたのはガイナックス（アニメーションをはじめとした映像コンテンツなどの制作・販売会社）時代です。もちろん、まだメソッド化していないし、「戦闘思考力」なんていう言葉もない時代です。

戦闘思考力は自分で利害関係が骨身にしみるような状況だと鍛えられます。

ガイナックス時代、東宝東和やバンダイとやり取りするわけですが、一緒にプレゼンする山賀《やまが》博之《ひろゆき》（ガイナックス株式会社代表取締役）が口下手だったんです。

僕は山賀が書いた脚本を守らなきゃいけないわけなんですが、相手にしてみれば、24、25歳の考えた脚本だから遠慮なしにダメ出ししたり、「もっとナウシカみたいにしろ！」

みたいなことを言うわけです。

それに対して、僕はその場でどうやって相手を言いくるめようか、頭をフル回転させたんです。

「オレが負けたら映画が変えられたり、切られたりするわけだから、死ぬ気で守るしかない」

そんな状況下で僕は鍛えられました。

本書の第5章では戦闘思考力の鍛え方を紹介しますが、やはり一番手っ取り早い方法は、**絶対に譲れないもの、命懸けで守りたいもののために、言い合いをする**ことです。

銭金でも、損得でも、好きな映画を守るでも、何でもかまいません。

こうした状況では、つい尻込みしてしまいます。

しかし、経験なくして戦闘思考力は養えません。今後は、チャンスとばかりに場数を踏むようにしてください。いつまでも逃げていたり、他人に尻を拭いてもらっていては成長するものも成長しません。

弁論大会とかテレビの討論番組の出演者やコメンテーターなどは、他人がどう言おうと、最初に自分が考えた結論に向かって最後まで押し通さなければならないので必死です。

僕のガイナックス時代と同様です。ぜひ、彼らの語り口を参考にしてみてください。

なぜ島田紳助は言い返し能力が高いのか？

バラエティ番組で活躍するお笑い芸人たちはみんな、この「戦闘思考力」が高い。

昔、島田紳助《しまだしんすけ》さんが板東英二《ばんどうえいじ》さんとの対談の中で面白いことを言ってました。

板東さんが紳助さんに「何でおまえはそんなしゃべりがうまいんや？」「何でそんな返しがうまいんや？」みたいなことを聞いたことがあったんです。

そのとき、紳助さんは「いや、うちの娘もうまいんやけども……」と前置きをしたうえで、次のように続けたんです。

「ただ、こないだ娘がとろくさい答えを返してきたから叱《しか》った。気の利いた答えを思いついた瞬間に返すからダメ。**常にどう返すのか、何種類も考えろ。その中からシチュエーション、相手の盛り上がり、自**

分の立場、求めている落としどころを素早く考え、10種類くらいの中から『選ぶ』ことを意識しろ。選んでいる限りミスは減るし、ミスしたとしてもあとで反省もできる。選ばずに思いついたことを言うな！」

ね？　すごいでしょ？

ふつうの家族では考えられない、芸人ならではのエピソードです。

そもそもこんな超人的なことが本当にできるのかと疑問に思うんですが、確かに紳助さんはそれを実践していたようです。

紳助さんのネタ帳というかノートを見たことがあるんですが、書かれている内容がものすごいんです。

「あのとき、こうして返しておけばよかった」という反省とか、あるいは「こういうふうに返していたらどんな展開になっていただろうか？」というシミュレーションがびっしり書いてありました。

棋士が10手、20手、30手先を読みながら駒を指すような感覚で、紳助さんはいつも話していたんです。

頭の回転が速いからって、頭が良いとは限らない

もちろん、紳助さんの手法で鍛えられるのは、単なる「言い返し能力」です。少なくとも議論や言い合いみたいなものに勝てるでしょうし、対談だったら相手をうまく乗せて自分の思い通りの方向に導いていけると思います。しかし、何かを生み出せるか、問題を解決できるかは、また別問題です。

僕が体系化した戦闘思考力とは、**「言い返し能力」に「分析能力」「考察能力」「発想能力」などを加味したもの**です。

「分析能力」は、複雑な状況や、要領を得ない複数の説明を整理し、論理的に捉え直す能力。

「考察能力」は、説明や状況のウラ筋、つまり「相手の感情やプライド」「奥に隠れている損得勘定」を読み取る能力。

「発想能力」は、ミクロ・マクロの両視点などを駆使して、とりあえずの回答案をいくつも、それぞれの利害者別に考える能力。

僕がガイナックス時代に鍛えた戦闘思考力は「言い返し能力」に特化したものでした。

ちなみに、「言い返し能力」が高い人に橋下徹《はしもととおる》大阪市長（2015年8月現在）がいます。

あの人に対する評価はいろいろ分かれていますが、切り返しの仕方とかはすごくうまいなと思うものの、相手にするのは疲れるし、面倒です。建設的な話にはならない。

やり手の証券マンとかSE、セミナー講師、カウンセラーみたいな人が、仕事のテンションが抜け切らないまま自宅に帰ると奥さんの話がまともに聞けない、という話を聞いたことがありませんか。

「岡田さんちの旦那さんって45歳なんだけどリストラされちゃったらしいの。ママ友の集まりで話題になったんだけどさぁ、岡田さんちのお子さんてうちの子と同級生じゃない？　公立だったらまだしも私立だと今度の修学旅行だって海外だし……」

みたいな感じで奥さんがその日の出来事を語ってくるわけです。

すると、頭の回転の速い旦那さんはつい、「だからオレにどうしろと？　オレが岡田さんの旦那に仕事を紹介すればいいのか？　だったら今、うちの子会社で事務員を募集しているから紹介しようか？　違うのか？　じゃあ要点を3つに絞ってもう1回整理して話して」とまくしたて、奥さんは「もういいわよ、アンタには話さない」となってしまうわけです。

僕もよくやってしまうんですけど、これはよくありません。

頭の回転が速いというのはイコール頭が良いと勘違いする人は多いんですが、頭の回転が速いだけでは問題解決には、ほぼ役立ちません。

戦闘思考力を形づくる3つの要素

戦闘思考力とは言うものの、そもそも「思考力の強さ」って何でしょうか？　僕はそういうことを考えるとき、別の何かに置き換えています。

良い自動車の条件というのは何でしょう？

①パワーのあるエンジン
②思い通りに動く操作系
③丈夫なシャーシ

図9
戦闘思考力の構成要素

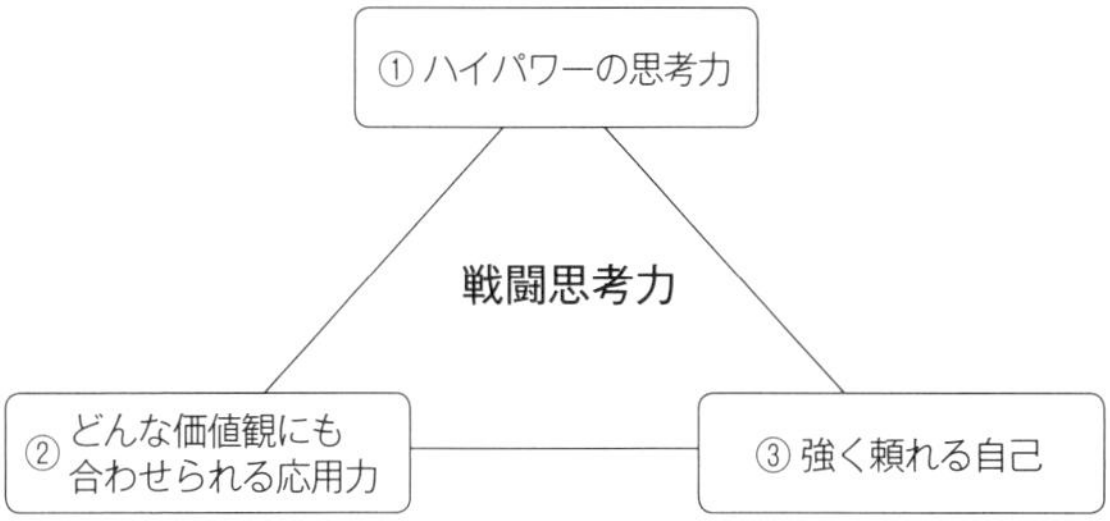

人によってはスタイルとか、馬力とか、最高速度だという人もいるでしょうけど、おそらく自動車メーカーの人たちに聞けば、この①〜③だと答えてくれると思います。

パソコンで言えば、「パワーのあるエンジン」に当たるのが「パワーのあるCPU」、「思い通りに動く操作系」が「操作しやすいインターフェース」、「丈夫なシャーシ」が「シンプルで構造がしっかりしているOS」ということになります。

つまり、自動車やパソコンに限らず、家電でも何でも**あらゆる優れた道具に共通しているのが、「パワー」「使いやすさ」「丈夫さ」の3種類の要素**です。

ですから、戦闘思考力も同様に、「思考のパワー」「思考の使いやすさ」「思考の丈夫さ」があってこその能力です。

言い方を変えれば、

①ハイパワーの思考力
②どんな価値観にも合わせられる応用力
③強く頼れる自己

の3つで戦闘思考力はできています（図9）。

ギアの概念

①ハイパワーの思考力

では、戦闘思考力における「ハイパワーの思考力」とは何か？

戦闘思考力ではトップ、ミドル、ローという3つのギアの概念を提唱しています。

ギアとは、自動車の歯車の回転数をコントロールする変速装置のことです。自動車だけじゃなくて、高級なママチャリとかマウンテンバイクにも付いています。

図 10
戦闘思考力のギアの概念図

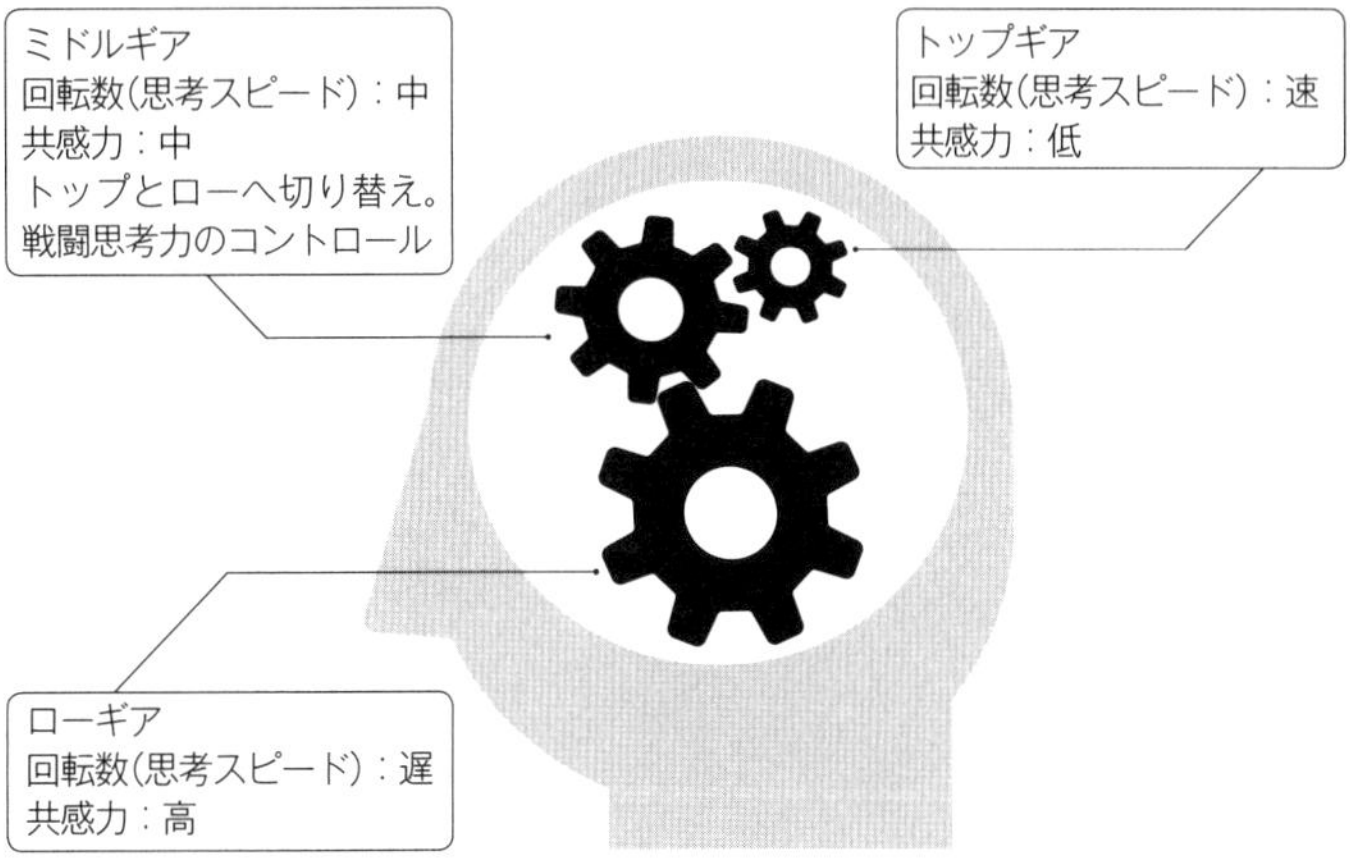

ギアには、大まかに分けると、**トップギア(高)、ミドルギア(中)、ローギア(低)の3つ**があります(図10)。

トップは高くてローは低い、そしてミドルは中くらいです。

どれくらいの速さで歯車が回転しているのか、つまり、どれくらいの速度を出しているのか、みたいなものだと思ってください。

ギアを上げていくと、歯車が速く回転し、スピードも上がるんですが、力はやや弱くなります。逆に、ギアを下げていくと、歯車はゆっくり回転し、スピードも遅くなるんですが、力は強くなります。高速道路を走るときはトップギアを使うし、ぬかるみから脱出するときはローギアを使います。

このへんは機械工学的な考え方なので、なじみのない方にはわかりにくいかもしれません。

このギアの概念が、「ハイパワーの思考力」です。

◉トップギアとは何か？

トップギアというのは頭の回転を速くすることです。おそらく、一番読者が求めているのは、このトップギアの能力でしょう。

ためしに、次の問いに対して20秒以内に答えてください。

> 問題：ラーメンに「ナルト」がのっている理由は3つあります。答えてください。

正解は……じつは、ちゃんとした正解なんてありません。この問題は、ちゃんとした正解を言うよりも、20秒以内に3つの理由を答えられるかをはかることに真意があります。

こんなどうでもいいような質問でも、20秒で3つの理由を答えるには、答えながら考えなければいけないんだけど、それがなかなか難しい。

頭を最高速で回転させるときは、相手に対する配慮がやや薄れてきますし、共感力も薄れてきます。自分が話していることが本当に正しいかどうかの自己検証もやや弱くなります。

ただ、**正確性や回答の信頼性は低いけど、回答（アウトプット）までのスピードを重視した頭の使い方こそが戦闘思考力で言うトップギア**です。

要するに、何か聞かれたときにパッと返せることですね。これは恥をかいて鍛えるしかありません。

◉ローギアとは何か？

蛭《えび》子《す》能《よし》収《かず》さんにはおしゃべりのイメージはまったくありませんが、テレビ画面に出ると、その場の空気を一気にさらっちゃいます。

僕はテレビカメラのないところで蛭子さんと話したことがありますが、テレビで見ているよりもテンポはいいんです。ほんのちょっとですけど。

テレビでは、あえて少しゆっくり話している印象です。相手のペースに呑まれないようにするためなのでしょう。

蛭子さんの場合はローギアが強いんです。周りで芸人たちがどんなに速いやりとりをしていても、**自分なりのゆっくりとした回転速度に従っているから、意表を突くタイミングでものを言い、視聴者を笑わせたり溜飲《りゅういん》を下げさせたりします。**

蛭子さん自身も、インタビュー記事で次のように語っていました。

空気はね、結構読めてると思うんですよ。ただ、その空気を変えたいなって時にちょっと変なこと言ったりはします。

――「語っていいとも！ 第8回ゲスト・蛭子能収」週プレNEWS

これがローギアを持っている人の特徴です。

◉ミドルギアとは何か?

ミドルギアというのは、その名のとおりトップとローの中間みたいなもので、自分の意見もしっかり伝えて、相手の意見もしっかり聞く「標準的な速度」です。

これは**リラックスして物を考えているときの思考速度**だと思ってください。普段の生活の中で、翌日の仕事の予定を考えているようなときがミドルです。

じっくり考えるわけでもなく、かといって即興の漫才やコントのようにボケやツッコミを次々と繰り出すような頭の使い方ではありません。

いわゆる自分の頭の回転の速さの基準になり、トップとローの間にあることで、トップに一段上げる感覚と、ローに一段下げる感覚を意識できるので、戦闘思考力そのものをコントロールしやすくなるんです。

以上、トップ、ミドル、ローのそれぞれのギアを端的にまとめると、次のようになります。

◎トップギア:頭の回転数(思考スピード)が早いが共感力が低い。

◎ミドルギア：頭の回転数（思考スピード）も共感力も中くらい。
◎ローギア：頭の回転数（思考スピード）が遅いが、共感力が強い。

頭の回転が速い人の重量感のなさとは？

僕たちはついつい、「僕は頭の回転が遅いから速くしなければ」と考えてしまいますが、前述したとおりスピードが上がると機転は利くかもしれませんが、考える力は弱ってしまいます。

僕自身もすごく気になっているんですが、ニコニコ生放送でコメントを読みながら話していると、どんどん考えが浅くなってしまうんですね。

トップギアに入れなければならないコメントとのやりとりは、ハイテンションのまま徹夜したような変な疲れ方をします。体は疲れているのに、頭の中だけがカラカラと回っているような状態。僕がニコニコ生放送に出演した日の夜は興奮してなかなか寝付けません。

一方、場合によってはレジュメを持ってコメントを読みながら話さなければならないこともあり、その場合はトップとローに何度もシフトチェンジをしなければならないため、頭も体も疲労感たるやすさまじいものです。

自動車はタイヤを速く回してしまうと低速発進がしにくくなったり、ゆっくりとものを引っ張ったりするパワーが出にくい。そのかわり速く走れます。

パワーと速さというのはどちらかを犠牲にしているものなんですが、**往々にして頭の回転が速いという人は重量感が足りません。**

人の話を聞くには頭を速く回しすぎてはいけないんです。

たとえば民俗学の研究とか、戦争体験者を追ったドキュメンタリー映画の取材を想像してください。おじいちゃん、おばあちゃんの話を聞いたことがある人はよくわかると思いますが、聞き役をやっているときに頭の回転を速くしてしまうと「こういうことですよね」「そういうことですよね」と営業マンみたいに合いの手を入れてしまうんですね。

そうすると、相手は話すのが面倒くさくなって、「ああ。そうですよ」とイエスかノーでしか答えなくなってしまいます。すると結局、本人が自分の言葉で語ろうとしていたことが聞けなくなっちゃうんです。

ミドルとローがあるからトップが光る

ここで必要なのは、人の話を聞くときには、低速でもいいから強い回転、つまり共感力を強くするんです。

頭の回転が速くなくてもいいんです。相手が何を言っているのか、次に何を聞き返すのかをそんなに速く計算しなくてもいいから、自分もその気持ちがわかるようになるまでひたすら聞いて言葉を返す。山なりのボールに対して、豪速球ではなく同じようなスピードで返す。

このように**「頭のギアを落とすことができるかどうか」がコミュニケーション上、すごく大切**なんです。

戦闘思考力というのは、トップだけじゃなくてミドルとローがあります。これらも併用する点が、ほかの思考法と全然違うところです。

前述したように、橋下徹大阪市長はものすごくトップギアが高い人です。

おそらく、もともと頭が良いということに加えて思考の回転速度が要求される弁護士や政治家という仕事をしていった結果、彼は日本有数のトップギアの持ち主になったのでしょう。

ただし、その代償としてローが弱くなってしまった。だから、橋下市長が書いた本は少ないんですね。本を書くには、じつはこのローギアが大事です。

◉ローギアの使い方

ローギアというのは、考えるスピードをあえてゆっくりにすることです。

いつもいつも自分が言っていることを自分で疑って、立ち止まって、受け取るだけのことをします。

たとえば相手の話を聞くときに、すぐに言い返したくなることがありますよね。これはギアをトップに入れたまま人の話を聞いているとそうなってしまいます。ですから、人の話を聞くときは、ギアをローに入れます。回転速度を遅くするんです。

これは、頭を悪くするという意味ではなくて、相手の言っていることの隅々まできちんと吟味することです。**ユニバーサル・トークで言うところの共感の質を高めてくれるスピード**です。

僕がローギアを使うのは、たとえば講演の質問コーナーで「質問はありますか?」と聞いて、手を上げた人が話し出したときです。そのとき、絶対トップギアにしちゃダメです。

トップギアにしたら、相手の言っている一言目に対して、「それは○○だからだ!」と、あらかじめ準備していたり、講演で毎回使っていたりするような、「いつもの答え」を素早く返してしまいます。

それではダメ。

「質問者は何でそんなことを聞きたいのだろうか?」ということを、言葉だけじゃなくて声色や表情や年齢や見た目、服装から推理する。これがローギアの使い方です。頭の回転をゆっくりにして、やりとりの速度を落とすんです。

人前で話すのが職業ではないふつうの人は、講演で手を上げて質問していても、本当に自分が聞きたいことを質問できているとは限りません。

とりあえず、「聞きたい」という意思があるから手を上げて、当てられて、それから「えぇと……」と考え出して、しゃべりはじめる。しゃべっているうちに自分が聞きたいことがだんだんわかってきて、そうすると一番はじめに聞いたことと今自分が言っていることが矛盾してきて、最後グダグダになって質問が終わるというのがよくあるパターンです。

でも、その人の話を注意して聞いていれば、本当は何が聞きたいのかというのが、その言葉の中に時々ちらっと現れるんですね。

あるいは、その人の質問の中で、観客全員が「あ、そこは私も聞きたかったんだ」と反応した場所に対して答えるようにするんです。

◉まず鍛えるべきなのはローギア

「戦闘思考力」を伸ばすために最初に鍛えなければいけないのがローギアです。

というのは、頭の回転速度を上げるための方法は、世の中にいくらでも転がっているからです。

第一、人と話していたらだんだん勝手に上がります。でも、頭の回転数をあえて下げて、力強さを上げる、というのはほとんど誰も言っていません。

たとえば、88ページのコラムで扱った「原発再稼働について賛成？　反対？」という問いがあったとしたら、思考をトップギアに入れて、すぐに賛成か反対かで答えようとしがちです。

テレビのニュース番組などで、司会者から振られた質問に対してコメンテーターが、「日本は○○すべきなんです！」と素早くコメントを返していますが、確かに目立つし、こんなコメント能力があったらいいなあ、自分も伸ばしたいなあと思ってしまうもんです。

だけど、その問題に関して2年も3年も考え、粘り強く考える力というのは、ほとんど誰も伸ばそうとしていません。

だからみんな、なかなか頭が良くならないんですね。

僕自身、じつは常に考えつづけているテーマが10個ぐらいあります。

「民主主義は、政治の最終回答なのかな？」

「家族や恋愛のこれからは、どうなるんだろう？」

こういう**「すぐに答えのでないテーマ」は、ず〜っと考えつづけるのが正しい。すぐに答えを出そうとするから「悩む」んです。**悩みは人を弱らせる。思考の体力を奪います。

締め切りなしの、ず〜っと考えるテーマを複数持つことで、思考力は持続的に強くなります。

表層的な知識や小手先のテクニックを手に入れることは簡単ですが、ある物事の本質を深く探求するのは非常に時間がかかりますし、論理力も要求され、それゆえ頭も鍛えられるんです。

口数のコントロール ②どんな価値観にも合わせられる応用力

次は戦闘思考力の操作系です。

自分のことを話し上手と自覚している人よりも、口下手だと自覚している人のほうが多いのではないでしょうか?

僕は話がわりとうまいほうです。

それでも自分より話がうまい人を見ると、「こんなに話し上手だったら便利だろうな」とか、「ちくしょう」という悔しさを覚えます。

だから、自分のことを口下手だと思っている人は、そういうことを感じてしまう機会が多いと思います。

あるいは、口数が多い口下手もたくさんいます。一方的に話しすぎて相手を辟易《へきえき》させてしまったり、うっかり口を滑らせて相手を傷つけてしまうような人ですね。そういう人は自分が口下手ではなく、むしろ話し上手と勘違いしているもんですが、あなたは大丈夫でしょうか？

いずれにせよ、基本的に自分が口下手だと思っている人は、次の2つに気をつけてください。

◉口数が少ない人

本書の読者の半分くらいは、どちらかというと人前でうまくしゃべれず、口数が少ない傾向の人ではないでしょうか？

そういう人は、**思っていることをいつもの4倍くらい多くしゃべる**ことを意識してください。

ダーツをイメージしてください。真ん中の的《まと》に1回で当てようとしても、そりゃ素人には無理です。でも10回、20回と投げると、かなり近くに矢は当たります。矢の数、つまり口数を増やしてみましょう。

もちろん、簡単なことではありません。

なぜ、口数が少なくなってしまうのかというと、正確な言葉を使おうとしすぎているんです。スパッと伝わるかとか、正しく相手に理解してもらえる言葉を先回りして考えようとするから、脳の容量をかなり使ってしまっているんです。言葉に敏感でどちらかというと僕が知っているかぎり文学的な人が多い。

そういう人はいつもの4倍くらいいっぱいしゃべって、こうかもしれない、ああかもしれない、やっぱりこうかもしれないとデッサンやスケッチでたくさん線を引くように言葉を繰り出すべきなんです。

漫画のペン入れみたいに一発でシュッときれいに実線を引こうとしてもうまくなりません。支離滅裂でもかまわないので、何度も線を引いていれば精度も上がってきますし、たとえ支離滅裂でも相手が意味を拾ってくれます。

自分の講演のテープ起こしをあとで読んでみると、僕はけっこう言葉足らずだったり、矛盾したことを言っていたりするんですね。しかし、アンケート結果を見るとお客の満足度は非常に高い。

つまり、お客さんは、多少の話の混乱なんて気にせずに、意味を読み取ってくれるんです。

相手を信頼してください。たくさんしゃべったら、相手が勝手に意味を拾ってくれますし、それが伝わったときの喜びは大きいので、絶対にやったほうがお得です。

◉口数がやたら多い人

逆に僕みたいに口数が多い人は、**普段の1／10しか発言しないことを意識**してください。

口数が多い人は、いろんな言葉で説明しようとするあまり、喩え話に流れすぎます。先ほど僕が使った比喩で言えば、自動車やパソコンぐらいが限界でしょう。さらに例を増やせば増やすほど、「何について語っていたんだっけ？」「何でこんな話をしてるんだっけ？」となります。表現として面白くなるのはいいんですが、内容が伝わりにくくなってしまうんです。

また、おしゃべりな人は、たいてい「それ、前も聞いた」と言われるような同じ話をします。相手は「もう勘弁してくれ」と辟易します。

いつも考えていることを1／3や1／4に減らしてもまだまだ足りません。繰り返しますが10個のうちの一つを選ぶように吟味してください。

「シチュエーション、相手の盛り上がり、自分の立場、求めている落としどころを素早く考え、10種類くらいの中から『選ぶ』と意識しろ」

これは本章の冒頭で紹介した紳助さんが娘に言った言葉ですよね。つまり10個くらい答えを考えて、そのうちの1つを返せと。逆に言えば9／10は思いついても黙っていろということなんです。

口数が少ない人はいつも4倍くらい話すように、口数の多い人はいつもの1／10しか話さないようにし、自分の口数をコントロールできるようにする――。

口数を増減させるのは、「相手の言いたいこと」と「自分の言いたいこと」をすり合わせるためです。

これが戦闘思考力の「どんな価値観にも合わせられる応用力」です。

自分の正しさと相手を守る責任感 ③強く頼れる自己

最後に、戦闘思考力の丈夫さ、頑丈さを示す「強くて頼れる自己」について説明します。前提として、自分のことを「正しい」と信じて疑わないことです。独善的に感じるかもしれませんが違います。他人に寄りかかろうとしたり、ブレないために、脳天から足裏まで通った1本の芯《しん》を持つ必要があるということです。

これが思考するときに大事なんです。

なぜかというと、結局誰の考えも間違っているからです。**自信がありそうに見える人や、正しいことを言っているように見える人というのは、みんなその場の雰囲気や調子に乗っているだけ**なんです。だけど、何を言われても平気な自分をつくっているから、間違っているように見えないんです。

僕は世の中をどのように見ているかというと、**僕以外の人間を犬や虫みたいに見ています。**酷い話ですけど本当です。

「人間はオレ1人だけ。犬をいじめてもしょうがないから養ってあげよう。虫たちの平和も守らなければならないな」などと考えることで、自分の主体がはっきりしてくるんです。僕の場合はこれくらいして自分の主体を中心に置かないと、ブレてしまうんです。よく、舞台監督が緊張している役者さんに「お客さんをナスかカボチャと思え」と言いますが、要はあれと同じです。

お客さんのことを見下げているわけじゃないのです。「舞台にいる自分たちだけが人間であって、それ以外の者は外界の生物だ」みたいな意識を強く持っていないと、大観衆を前にして、怖くて舞台に立てないんです。

もちろん、独善的になったら失敗です。軸がぶれないからこそ譲歩できることが見えるし、謝ることができるからです。

勘違いしている人は、言い張ったり、相手に言い勝とうとしてしまうんです。その間に戦闘思考力のトップ・ミドル・ローのギアや、表現力が空回りしてしまいます。

だから、自分を律する、そして相手を守ってあげるという意味の強さを含んだ自己を持つことが大切なんです。

コラム

口数が少ない人、口数が多すぎる人に意識してほしい話し方

自分の口数を、その場に応じてコントロールする――。

言葉で言うのは簡単ですが、実際にはとても難しいことです。

たとえば、口数の少ない人がたくさん話すのが難しいことは、簡単に想像できますね。

でも、やたら話してしまう人が、口数を抑えて内容を濃くしたり、相手に合わせたりするのも、本当に難しいものです。

それぞれの弱点克服のための簡単な訓練を以下にまとめてみました。

●口数が少ない（ローギアが強い）人がすべき話し方

トップギアが不得意な人は、普段の4倍の量を話すと説明しましたが、とにかくしゃべるしかありません。次のことを意識して会話に取り組んでください。

①瞬発力を鍛えるため、出されたテーマに関して、どんどん答える

テーマは何でもかまいません。「1秒でも早く話しはじめ、1語でも多く話す」を目標に話しつづけてください。

たとえば、好きな本、好きなテレビ番組、好きな食べ物……、そして好きな理由まで語る。あるいは、前日にあった心に残ったこと、忘れられない友人との思い出、今年の目標でもかまいません。

話し方の訓練中だということを説明して、家族や友人につき合ってもらいながら実践してください。

②フランス式の「理由は3つある法」を使って話す

質問されたことに対して、「それは、○○です。なぜなら、理由は3つあります」などと答え、1つ目の理由を話しながら、2つ目、3つ目の理由を考える。

2つ目の理由をしゃべった時点で、3つ目、4つ目、5つ目……と理由を思いついている場合は、残り全部を3つ目にまとめるのがコツです。

③デッサン法

きれいな結論が出ていない場合でも、デッサンやスケッチで線を引いていくように、少々ズレていようとも、できるだけ近似値の高い言葉を何度も繰り出すように話してみる。

たくさん話せば、相手がその中から近い意味を拾ってくれます。

◉口数が多すぎる（トップギアばかり使う）人がすべき話し方

ローギアで話すメリットは、相手の気持ちがよくわかるようになることです。そうすると、不思議と自分の気持ちにも相手が共感してくれることが増えます。ローギアのつくり方の基本は、対話にあります。まずは、相手が言っていることをよく聞き、考えていることを推測し、相手の気持ちに共感することです。

しゃべってばかりいると、絶対にそんなことはできません。普段の1／10しか発言しないことを意識してください。

①相手の言葉をさえぎらない

相手が話しているときに、先読みして「要するにあなたが言いたいのは、○○ですよね」などと要約したり、さえぎったりせず、「わかるなぁ〜」などと受容・共感する（カウンセリングでいう傾聴）。

② 具体的に共感する

「わかるなぁ〜」と言いながら、その内容に似た体験などを探し、発言する。できるだけ「自分の体験談」を話すよう、気をつけてください。単なる相づちより効果100倍です。

③ 相手が心を開いてきたら、さらによく聞く

①②のステップを踏めば、相手が心を開いてくれて本当に聞いてほしい話をするようになります。こうなったら大成功。油断しないで、相手の言葉を遮らず、共感しながら聞きつづけてください。

もちろん、口数の多い人がトップギアの訓練をしたり、口数の少ない人がローギアの訓練をしたりすることも有効です。より長所が伸ばされるからです。むしろ、得意ジャンルの訓練のほうが楽しく感じるかもしれませんね。

第4章

確実に最適解を生み出す話し方

◉「ユニバーサル・トーク」×「戦闘思考力」

ユニバーサル・トークあっての戦闘思考力

普段、自分で考えるときはミドル。人と話すとき、相手の話を聞かなくてはいけないときはローに落とす。

で、いよいよプレゼンの現場とか、好きな人に自分の想いを伝えたいときというのは、ミドル、ロー、トップの3つのギアを意識して切り替える。これが戦闘思考力の核になる考え方です。そのうえで、どんな価値観にも合わせられる応用力、強く頼れる自己が必要となるのです。

というわけで、前章では戦闘思考力の根本的な考え方をお伝えしましたが、こういう話をすると、よく「とにかく自分を責める人に対してちゃんと言い返すようになりたいから戦闘思考力を学びたい」とか、「気の利いたことを言いたいが、どうすればいいの

図11

ユニバーサル・トークを目指す
戦闘思考力の6つの使用ルール

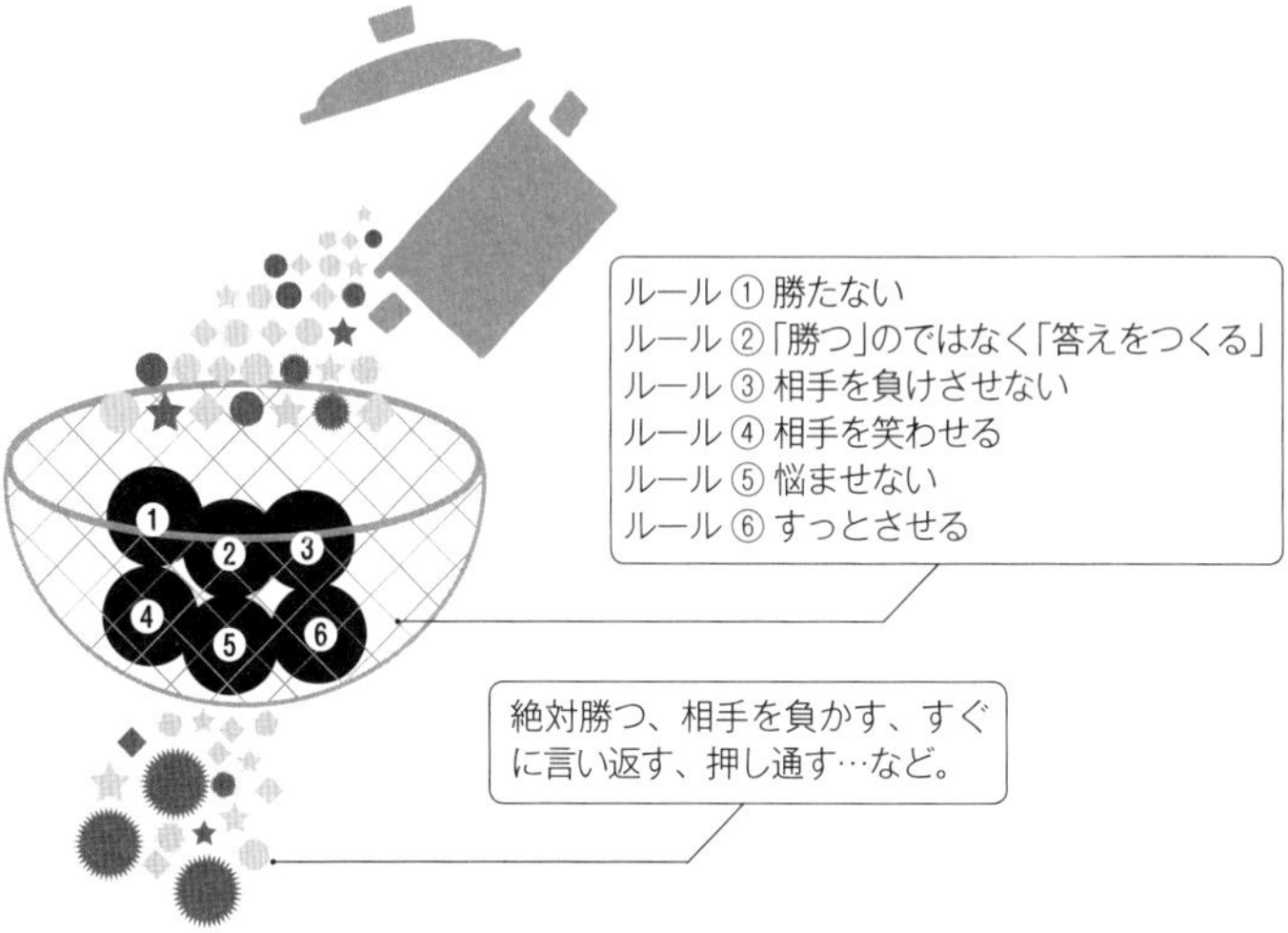
ルール① 勝たない
ルール②「勝つ」のではなく「答えをつくる」
ルール③ 相手を負けさせない
ルール④ 相手を笑わせる
ルール⑤ 悩ませない
ルール⑥ すっとさせる
絶対勝つ、相手を負かす、すぐに言い返す、押し通す…など。

戦闘思考力のさまざまな要素を含んだスープを、ユニバーサル・トークというザルで取捨選択すると、上記の6つのルールが残る。

かわからない。戦闘思考力の鍛え方を教えてほしい」などと聞かれます。

確かにそうしたニーズに対して戦闘思考力が役に立つことは立ちます。鍛えれば鍛えるほど、島田紳助さんや橋下徹大阪市長のように、切り返しや言い返しがうまくなります。しかし、それは戦闘思考力の部分的なテクニックにすぎません。

前章でも説明したとおり、戦闘思考力とは、「言い返し能力」に「分析能力」「考察能力」「発想能力」などを加味したものです。

そもそも、相手を言い負かそうと

いうのは、第1章、第2章で相手への共感を基本としたユニバーサル・トークを学んだ意味がありません。ユニバーサル・トークあっての戦闘思考力ということを忘れないでください。

ですので、本書では**戦闘思考力をユニバーサル・トークと掛け合わせた立体的で建設的な利用法を身につけてほしい**と思っています（図11）。

そのうえで、戦闘思考力を使う際のルールを次のように明確にしておきたいと思います。

ルール① 勝たない
ルール② 「勝つ」のではなく「答えをつくる」
ルール③ 相手を負けさせない
ルール④ 相手を笑わせる
ルール⑤ 悩ませない
ルール⑥ すっとさせる

それぞれのルールについて解説していきましょう。

たとえ勝っても、相手は許さない
ルール①勝たない

戦闘思考力の最初のルールは**「勝たない」**です。**相手を言い負かそうとしないことが目標**です。

言い返したいという、その気持ちはよくわかります。

僕だって言い返したいことはしょっちゅうです。しかし、ほとんどの場合、言い返しても状況は良くなりません。実際、いくら上手に言い返せたとしても、その後うまくいった試しがないんです。

なぜか？　もし相手を言い負かしたら、その瞬間は自己満足するかもしれません。でも言い負かされた相手は、ふつうは素直に「参りました」と認めることはできません。

逆にそれまでの議論の前提をひっくり返して無茶苦茶なことを言い出したり、恨み事をごちゃごちゃ言い出したりして、結局ろくなことになりません。

そもそも「勝とう」というのは、ユニバーサル・トークの「誰にでも通じる話し方・

伝え方」とは、まったく別方向のベクトルです。

ルール②「勝つ」のではなく「答えをつくる」
敵対していても協力をする

会話で「勝たない」としたら、何を目指すべきなのでしょうか？

僕は「勝つ」のではなくて、「答えをつくる」と意識しています。

話している相手との間に「答え（共通の利益）をつくる」ようにするんです。

こう言うと、ビジネス用語で言うところの「ウィンウィン」だな、と思う人もいると思います。

が、似ているけどちょっと違います。

話し合いになったり、言い合いになったりしているということは、そこに何か問題があるということです。だから、その問題を解決するため、お互いがもっと良いことを思いついて、「これだったら2人が協力できるよね」という「答えをつくる」のが最終目的です。

極端な例で言うと、夫婦ゲンカで「じゃあ離婚しようか」という結論になったときに、

「どっちが悪いから別れるのか？」という言い合いをしてもしょうがないじゃないですか。

しかし、**「これから2人でどういう関係をつくれたらお互いが快適か？」と切り替えられると、かなり楽になるし、2人が協力して考えられる**んですね。

大の大人が2人、知力の限りを尽くして相手の悪いところを見つけて責め合うというのはいかがなものかと思います。あんまり楽しくないし、あとで思い出してもうれしくないし、有益でもない。

せっかく、顔を突き合わせて頭を全力で回転させるんです。どうすればお互いがさらに納得できる答えを見つけられるのか、ということを考えたほうが、ずっとましだと思います。

「答えをつくる」ことこそが、会話では大切で最終目標なんですよね。

相手に勝たせるくらいの気持ちで

ルール③相手を負けさせせない

次に「負けたと思わせない」について説明します。

戦闘思考力の使用ルール①では、自分は「勝たない」（勝ったと思う快感を捨てる）を目指すんですが、おまけに相手には「負けさせない」（負けたと悔しがらせない）ことも目指さなければなりません。

相手に負けたと悔しがらせてしまったら、せっかく良い答えを見つけたとしても、相手は絶対にそのとおりに動いてくれなくなってしまうからです。

先ほどの離婚の話で言えば、「どっちが悪いかじゃなくて、2人でもう少しましな関係を見つけよう」として、自分の側のメリットを削り、相手の側のメリットを増やすような結論を出したとします。

自分としては大人な対応だったといくら思っても、相手が「負けた」という印象を持ってしまっていたらおしまいです。せっかく自分の利益を減らしてつくったその答えも、あとで感情的に反発されてしまいます。

ですから、相手に「負けた」と思わせないことが大事なんです。

答えに気づかなかった自分たちを笑う

ルール④相手を笑わせる

それでは戦闘思考力を使って何を目指すのかというと、「笑わせる」ことです。

これがなかなか難しい。

戦闘思考力の使い方としては、自分が勝ったりしないし、相手を負けさせたりしません。そうではなくて、共通の答えをつくり、できればそのときに笑わせて、自分も笑えれば完璧です。

何を笑うのかというと、そんなことを思いつかなかった自分たちを笑うのです。「こんな問題にひっかかっていたなんてバカだなあ」と、自分たちで自分たちを笑うことができたら、もう解決したも同然なんですね。

「お前が言っていることは一から十まで間違っている。だから○○しろ！」と言うのではなく、相手を笑わせることを考えるようにします。

もし相手が間違っているとしたら、どこかすごく初歩的なところでつまずいているだけ。だから、そこを見つけたら2人で笑えるはずです。

「おまえそんなことで悩んでいたのか、オレ、今まで気がつかなかったよ、ごめんな」という言い方でもいいんです。それで場が一気に和やかになりますから。

僕の場合、「今日の打ち合わせはうまくいったな」というときは、絶対にその場にいる人間全員がニコニコしています。

ルール⑤悩ませない

絶対に変なおみやげを置いていかない

やってはいけないルール、「勝たない」「負けさせない」に続く3番目は「悩ませない」です。

これも言い合いになったり、お説教したりするときに、ついやってしまいがちなことです。

「こういう意見を、もっと考えなきゃダメだぞ」

「そういう気楽な考えでいいと思っているのか！ もっと考えろ！」

なんてことを言って、議論の最後に「宿題」を出しちゃうんです。これが「相手を悩ませる」ですね。

相手に言い勝ち、相手を言い負かし、最後には「宿題」までおみやげにしようとする。

じつはこれ、すべて善意から出ています。

言い勝つのは、自分が正しいからそれを教えてあげなきゃと思ってのことだし、相手を言い負かすのも、相手の間違いを正してあげなきゃという気持ちからです。

最後に「お前ちゃんと考えておけよ」なんて宿題まで持たせようとするのも、自分で考えないと身にならないとか考えているからです。

けれども、**こういう善意を持っているおじさんというのは、めちゃくちゃ嫌がられます。**身に覚えがある方も多いのではないでしょうか。

せっかくの善意がなぜうまくいかないのか。

問題はそれが善意か悪意かという問題ではなく、相手を悩ませているだけだという事実です。

たとえば、「オレ、良いこと言ったなあ。こんな良いことを本で学ぼうと思ったら何千円分も本を買わなきゃダメだよ。こんなのセミナーで聞いたら何万円もかかるよ。うん、オレ、良いこと言った！」などと自己満足しちゃいます。

でもこういうとき、相手にはだいたい伝わっていません。

宿題を出すのではなく、相手ができそうなことを自分も一緒に考えます。そうしないとなかなか相手は動いてくれません。

ルール⑥すっとさせる

相手をマッサージするように

大事なのは、悩ませるのではなくて、「すっとさせる」ことです。

言い換えると、マッサージみたいなもんです。

相手にもし問題があったとしたら、それを相手に直させるのではなくて、その問題に対して2人でなんとかできる方法を考えてみます。

「ルール②『勝つ』のではなく『答えをつくる』」ですね。

でも、その**問題を解決する方法が見つからなかったとしても、今日は2人で問題が話し合えて良かったね、と確認しあって終わりにします。**

これが「すっとさせる」です。

紐《ひも》をぎゅーっと固く結んでいたら、ほどけるものもほどけません。でも、この紐の結び目がゆるくなったら、勝手に風や波にゆられるだけで、だんだん紐がほどけてくる。

しかし、ほとんどの人間というのは、わざわざ固い結び目をより強く引っ張ってほどけなくしちゃう。

勝ったり、負けさせたりすることで、結び目はどんどん固くなります。

そうじゃなくて、問題をやさしくマッサージします。

「ルール④相手を笑わせる」ですね。

2人で笑いながら話して問題を柔らかくするだけで、あとは勝手に解決する力に任せます。

最後は、宿題を出すのではなく、「話し合えて良かった。少しすっとしたね」と終わらせるんです。

「勝たない」「負けさせない」「悩ませない」ようにして、「答えをつくる」「笑わせる」「すっとさせる」。

こういう考え方が、ユニバーサル・トークにおいての戦闘思考力を使う際のルールです。

戦闘思考力を生かす6つのステップ

では、6つのルールを頭に入れたところで、どのように戦闘思考力とユニバーサル・

図12
「共感→再構築」の流れを6つのステップに分け、
戦闘思考力で補完する

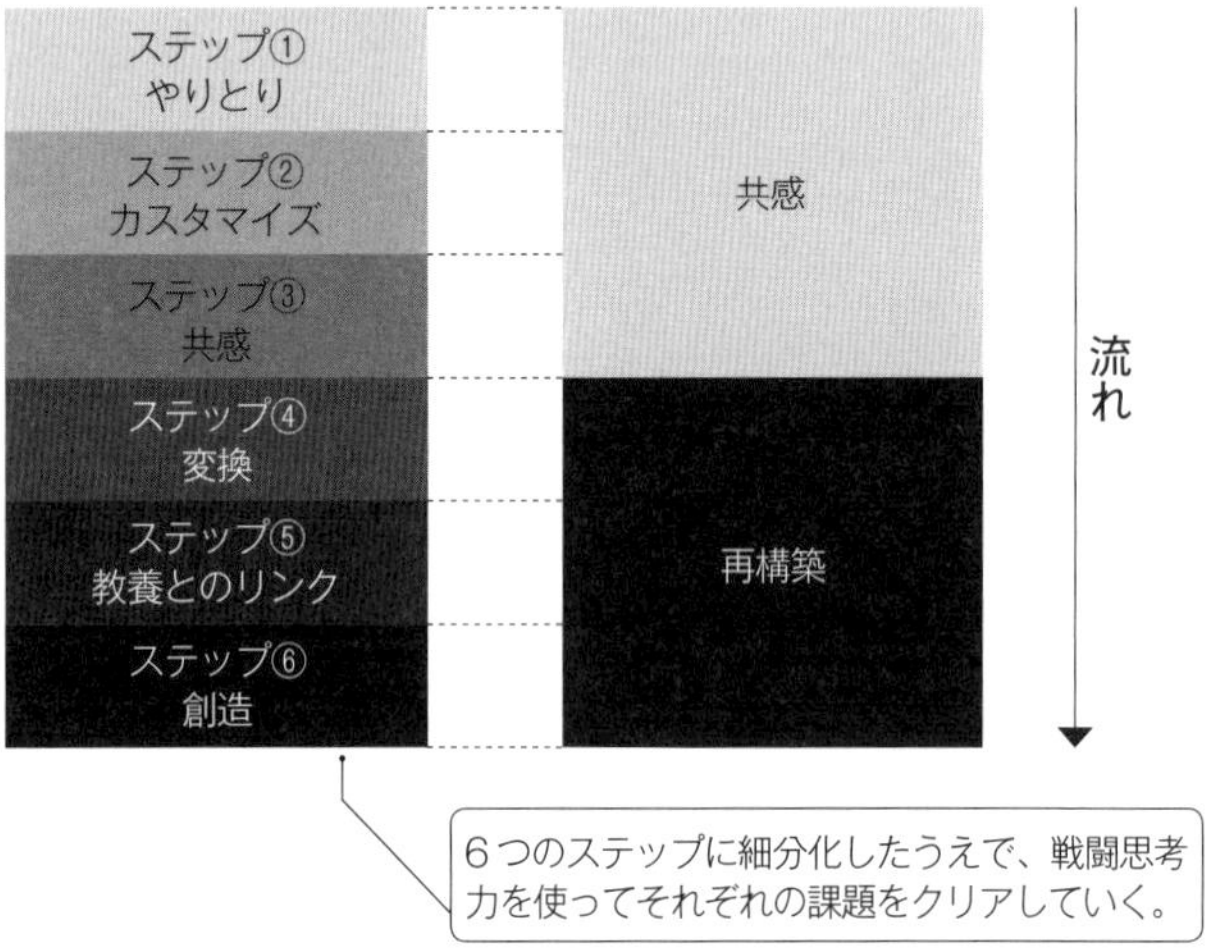

トークを掛け合わせるのかを具体的に説明していきましょう。

ユニバーサル・トークでは、「共感→再構築」というプロセスがありました。

ずいぶんシンプルに説明してしまいましたが、実際にやろうとすると、当たり前ですが、これがなかなかうまくできません。

共感まではできても、再構築は難しい。ユニバーサル・トークについて僕が語った講演を聞いた参加者は、たいていそう言います。

そこで必要となるのが、各プロセスにおいての戦闘思考力の使い方なんです。

僕はいったいどういうふうにして「共感→再構築」というプロセスを組み立てているのか考えたんですが、だいたい6つのステップがあることがわかりました（図12）。

ステップ①　やりとり
ステップ②　カスタマイズ
ステップ③　共感
ステップ④　変換
ステップ⑤　教養とのリンク
ステップ⑥　創造

僕らは人と口ゲンカするときでも、議論するときでも、相談を受けて考えているときでも、無意識のうちにこの6つのステップを通っています。**もしうまくいかない場合は、この6つのどこかでつまずいているはず**です。

ですから、この6つのステップをきちんと意識化してうまく使えるようにしよう、というのが戦闘思考力の考え方です。

一つずつ説明していきましょう。

ステップ①やりとり

会話をできるだけ長く続ける

やりとりが発生しないと、相手との対話自体が生まれません。ですから、やりとりそのものを絶やさないことが大事です。

何かこちらが一言言って、もし相手が黙ったり考え込んだりしてしまったら、別の言い方を次々と考えます。まず相手にリラックスしてもらうことです。そこで必要なのが戦闘思考力を使う際のルール①「勝たない」、ルール③の「負けさせない」です。そのルールに従いやりとりを絶やさないことが大切です。

家族同士の羽子板や仲間と温泉旅行に行ったときにするような卓球なんかで勝とうとはしませんよね。ラリーが長く続けば続くほど楽しいですから。

これと同じで、やりとりの回数が多ければ多いほど戦闘思考力の分析能力や考察能力が伸びますし、やっている最中もお互い楽しいはずです。

したがって、まずはやりとり自体を生み出すことです。

コツは断定形で言い切らないことです。もし断定形で言い切っちゃったらやりとりは終了します。「……というふうに考えちゃうけど、その辺どうかな？」みたいに、とにかく相手から言葉をどんどん引き出そうとすることです。

これをやるために一番手っ取り早いのは、目の前にいる人を好きになることなんですが、なかなかこれも難しい。

せめて、**「早いとこ会話を終わらせよう」ではなくて、「会話をできるだけ長く続けよう」**としてください。

相手に合わせた話し方をつくる

ステップ②カスタマイズ

カスタマイズというのは、相手に合わせていろいろ話し方や考えを切り替えることです。

たとえば、自動車のカスタマイズというのは、一人ひとりの客の好みに合わせて自動車を改造することですね。改造と言っても、座席の位置を変えたりハンドルの高さを変えたりする、そんな小さな改造もカスタマイズです。

スマートフォンの場合は、ユーザーがトップ画面を使いやすいように、よく使うアイコンをホームボタンの近くに持ってきたりする。これもカスタマイズです。

カスタマイズにおける戦闘思考力というのは、単なる言い返し能力というよりは**相手に合わせた話し方をつくる**ということです。適切なシフトチェンジも必要でしょう。

もし相手が子どもだったら、その子がいつも見ているテレビとか、友人関係でありそうな話題で話してあげるし、もし相手がどうしても「勝った、負けた」で考える人だったら、「勝った、負けた」で話してあげます。前者は子ども相手ですからローギアを、後者は勝ち負けを意識しなければならないのでトップギアを使うことになりそうです。

もし相手が「でも、それは人間として許せない！」と言うような人だったら、「そんなこと考えてもしょうがないよ」と言うのではなくて、「ああ、僕も人間として許せないと思うことはあるよね」というふうに切り替えます。冷静にミドルギアでしょうか。

わかりますか？

相手に対する説得術ではありません。相手に合わせて自分の考え自体を変えるんです。

常に相手自身、相手の世界観に合わせて、話し方を変えて自分の考えを切り替える。これがカスタマイズです。

ふつうはだいたい逆をやりがちです。

自分に合わせて相手の考えをカスタマイズしたくなります。しかし、繰り返しますが、そこからは何も生まれません。もしそれで効果が出たような気がしても、相手にはほとんど伝わっていないんです。

大事なのは、自分の考えを相手に合わせてカスタマイズすることです。

そうすれば、相手にも多くのことが伝わるし、話したあとで自分も得るものがいっぱい出てきます。

相手に共感しようとすれば、相手の世界観を通して物を見ることになります。つまり、今までにはなかった新しい視点をもらうのと同じ。それは、必ず自分の得にもなりますから、ぜひカスタマイズをやってみてください。

カスタマイズでは、相手を理解し受け入れることが大切です。つまり、戦闘思考力の分析能力、考察能力、そして会話を続けることができる言い返し能力が必要なのです。

相手を理解する際にはローギアで、会話を弾ませるならシフトチェンジをして時にはトップギアにしてください。繰り返しますが、トップギアで相手を負かしてはいけません。

この、①やりとりと②カスタマイズが、初歩中の初歩です。

はじめは難しいかもしれませんが、具体的にやってみれば少しずつわかってくるので、まずはやりとりを続けることと、自分の話し方や考えを相手に合わせてカスタマイズすることを意識してください。

相手と同じ気持ちになる

ステップ③共感する

ユニバーサル・トークでも出てきた「共感」を、もう少し深掘りしてみましょう。

「共感する」とは、「ああ、そのとおりだなあ」とか、「その気持ちわかるよなあ」と相手の気持ちに寄り添うことです。

しかし、共感なんかしちゃったら相手に負けちゃうって、つい思っちゃう。

でも大丈夫。ここは負けていいんです。最後の最後で「創造」という最終ステップがありますから、この③まではすべて相手の言うことを100％受け入れてしまってかまいません。

相手がどんなに無理なことを言っても、相手がどんなに自分勝手なことを言っても、この①やりとり、②カスタマイズ、③共感するまでは、ひたすら相手の言っていることを理解して、味方になって、受け入れるように努めてください。

相手がどんどん図に乗ってきても大丈夫。むしろ図に乗ってくれたほうがありがたいくらいです。

相手が図に乗ってどんどん言ってくるということは、それだけ心を開いてくれているということ。そうなれば、自分と相手に共通する目的が見つけやすくなりますから。

2番目の「カスタマイズ」はどちらかというと理性的なものですが、この3番目「共感」は、相手が伝えようとしている感情を、理屈ではなく本当にわかろう、味わおうとするステップです。相手と同じ気持ちになれるのがベストです。

相手の気持ちがわからない場合は、自分の中で似たような気持ちになったと思える思い出を探します。

たとえば、相手がつらいとか悔しいと思っているように見える場合、自分の中でつらいとか悔しいと思ったことをいろいろ思い出しつつ、「こんなつらさですか?」「こんなとき、自分も悔しかったんですけど、そういう感じですよね?」と、やりとりに徹するんです。

これを繰り返していると、ほぼ相手の気持ちに共感できるようになります。そうすれば、自然と相手のやりたいことも見えてくるはずです。

勝たない、負けさせない、悩ませない

ステップ①〜③まとめ

この①やりとり、②カスタマイズ、③共感するは、悩みの相談に限らず、議論したり、説得したり、プレゼンしたりする場合でも必要です。

相手と言い合いをして闘っているときでも、まずは言葉数を多くすることが大切です。

たとえば、相手に負けたら我が社の損になり、勝ったら利益になるという場合でも、まずは会話のストローク数を多くすることを考えます。

短く、「だったら、そちらが負担してね」というふうにしたら、その場では負担してくれたとしても、たいていしこりを残すことになってしまうからです。

次に自分の考え方を相手の事情に合わせてカスタマイズします。それから、相手がなぜそんなことを言っているのか？　ということを感情的に理解するようにします。

このステップを踏まないと先に進めません。

なぜなら、そうしないと相手に対して勝っちゃうし、負けさせちゃうし、悩ませちゃうことになりますので、結局相手は動いてくれなくなるんです。

視野、フレームを広げる

ステップ④変換

ここまで来て、ようやく④変換です。

「相手の言っていることもよくわかるし、自分の言いたいこととか、自分のやりたいこともある。では、共通の答えはないだろうか？　どっちも得するような答えはないだろうか？」

というのがこの変換です。ユニバーサル・トークでいえば、「再構築」の前段階になります。

コツは視野、フレームを広げることです。

視野、フレームを広げるにはどうするかというと、人数を増やすことです。つまり、2人で話し合って満足できる答えがないんだったら、そこに3人目、4人目まで入れて満足する答えを考える。

たとえば、「離婚しようか」という話し合いをする場合も、その場に関係のない人を入れます。

「でも、うちの親が何と言うか?」とか「そっちの親は何と言うか?」とか「親戚は何と言うか?」というふうに、考える関係者をだんだん多くしていき、全員がそこそこ満足しそうなことを考えます。

それが最善の答えになります。

なぜでしょう?

人間は自分の利益のためだけを考えていると、どんどん視野が狭くなってしまいます。反対に、他人の利益のことまで考えていると視野が広がるんです。

関係者を増やして全員の利益を一緒に考えると、自分の利益ばかりを追求できなくなってくるんです。その結果、視野が少しずつ広がりはじめるんですね。視野を広くすると「変換」しやすくなる。すなわち、自分も周りの人もみんなが得するような答えを見つけやすくなります。

つまり、**「変換」のコツは、できるだけ視野を広げることで、そのためには関係者を増やすこと**です。

全員に100パーセントの満足を与えなくてもいいので、全員がそこそこ満足できる答えを探そうとしてください。そう、「勝たない」「負けさせない」を、みんなに適用するんです。

◉場数の踏み方

「変換」は「共感→再構築」の6つのステップの勘所なので、かなり難しいです。経験値がものを言うので、場数が必要です。戦闘数というか、試合数に応じてうまくなりますね。数をこなすしかありません。

「今日読んだ本にこんなことが書いてあったから意識してやってみよう」とみなさんが思うなら、明日誰かと話すときに、最初の3つ、①やりとり、②カスタマイズ、③共感までを試してください。ここまではある程度意識すればできるはずです。

4つ目の変換を柔軟に行うには場数がものを言います。週1回よりは週2回、週2回よりは毎日やったほうがうまくなるし、1日に1回しかやらないよりは、1日に2、3回やったほうがうまくなります。

どうやって場数を踏むかというと、最初の「やりとり」と「カスタマイズ」は相手がいないとできませんが、幸いなことに「共感」と「変換」は自主トレが可能です。

「共感」は、映画を観たり小説を読んだりして、登場人物の気持ちになってみることで、ある程度できるようになります。

また、社会問題について考えることで「変換」の練習ができます。新聞を読んで、「何でこういうふうになってしまうのか？」と考えるとき、当事者や関係者の立場に立って「自分だったらどうするのか？」「周りの人はどうすべきか？」と自問することで視野が広がります。

知識ではなく教養を探す

ステップ⑤教養とのリンク

さて、次はステップ⑤教養とのリンクです。ここは、年をとっていたほうが有利な部分ですね。ステップ④の変換の効きをさらに良くする段階になります。

変換の段階で「じゃあ、こうしたらどうだろうか？」という一手を出そうとするとき、それに説得力を与えるのは、「自分がどれくらいモノを知っているか？」です。

「自分は以前、〇〇で揉《も》めたことがあるんだけれども、そのときは△△と言ったよ」みたいな実体験がベストです。そういった体験がない場合も、歴史上の事実も使えますし、野球選手が似たようなトラブルに遭ったときの話でもかまいません。

こういったものを、僕は「教養」と呼んでいます。「知識」ではなくて「教養」です。

単なる「知識」ではなく、自分が引っ張ってきて人間関係に使えるものが「教養」ですね。この「教養」と、今解決しようとしている問題とをリンクさせます。

「今の自分たちの問題と、ほかの人の問題で似ているものは何だろうか？」

「歴史上で似たようなケースがあっただろうか？」

とリンクさせた瞬間に、急にその問題が、自分にとっても相手にとっても相対化されるんです。相対化というのは、少しだけ引いて客観的に見ることです。

「これって、自分たちだけの問題じゃなくて、歴史上でも似たようなことがいっぱいあったんだ」と考える。

そして次に、「じゃあ、どうやって解決したのかな？」「やっぱり解決ができなかったのかな?」と視点を変えて客観的に見ることによって、お互い気持ちが楽になることがあるんですね。

この段階では、無理矢理解決させたり教養をひけらかしてはいけません。「すっとさせる」ことや「マッサージ」、「笑わせる」という戦闘思考力のルールに従って「教養とのリンク」を張ってください。時にヘンテコなものとか、遠いものとか、意外なものを持ってくるようにします。

たとえば、下世話な話をしているときに、「でもギリシャ時代には……」と歴史的な話題を持ってくるのも手ですし、「こないだブラックマヨネーズが言っていたけど」と言っちゃうのもいい。

こんなふうに意外なものを持ってくれば持ってくるほど、ステップ④変換の効きが良くなるんです。

相手と一緒に答えをつくる ステップ⑥創造

いよいよ最後は⑥創造です。

「創造」というとすごく難しい響きですが、ここまでやってきたなら大丈夫。すでに相手も一緒に考えるような姿勢になっているはずです。

忘れてはいけないのは、この「創造」が、自分だけで問題を解決することではないし、相手をやりこめようとすることでもない点です。

そうではなくて、相手が言ったことに「ああ、いいね、いいね」と応えながら、自分でも付け加えて、できるだけ長くラリーを続ける。

ここでは、シフトチェンジをしながら、お互いの発想力を駆使して「創造」に一直線に向かってください。

そのラリーの中で、2人で答えを一緒につくりあげる。

その場が3人なら3人、4人なら4人で一緒にラリーをしながら、答えをつくりあげてしまう。

それが「創造」です。

「創造」とは、無理に自分だけで見つけようとする必要はありません。まるで実った果実が勝手に落ちてくるように、**「誰かが・いつのまにか・思いつくもの」**。そう考えてるぐらいがベストでしょう。

採用されるアイデアの特徴とは?

頭をトップギアにすると、どうしても「勝ちたい」という衝動が出てきて、発想の転換が本当に難しいんですが、レコーディング・ダイエットで「やせることを考えない」のと同じように、「ユニバーサル・トーク×戦闘思考力」では「勝つことを考えない」。というのはつまり、何かの疑問に「答えようとしない」「正解を出そうとしない」ことです。

言い方を変えると、**「何かの疑問に対して、さらに面白い問いを重ねる」**ことです。「いかに面白い問いを、いかにたくさん生み出すことができるか?」という姿勢で話し合いにのぞんでください。

面白い問いをいっぱい返すことによって、相手もいっぱい話してくれるんです。つまり、やりとりが増えるわけですね。

するとアイデアなんてその話の中から勝手に生まれます。**勝手に生まれたアイデアは、**

自分が思いついたものでもなく、相手が思いついたものでもなくて、その場の関係がつくったものです。

そういうアイデアは絶対に採用されます。

もしこっちが、「Aにすればいいんじゃないか?」と面白いアイデアを言ったとしても、相手は絶対、「他人から説得された」ような感じを受けてしまいます。すると、絶対にそのとおりに動いてはくれません。せっかく自分が良いことを言ったのに、相手は動いてくれないわけですね。

反対に、その場の関係で、どんどんトップギアで発想能力を使って軽口みたいにいろいろなアイデアをお互いに出していくようにするんです。すると、どのアイデアをどっちが思いついたのかなんて、よくわからなくなってしまいます。これが、「勝たない」「負けさせない」ということです。

そういうときって、だいたいの人は一番面白いと思ったアイデアを自分が思いついたと思うんです。相手が勝ったと思うこともあるのです。

ただし、感謝はされません。

「あいつのおかげで良いことを思いついたよ」じゃなくて、**「困ったときはあいつに聞**

いてみよう、そしたらオレが何か良いことを思いつくかもしれない」と思うようになります。

こういう関係までつくれれば、まあ、なかなかの有段者ですね。

ただしそのときには、頭の良い人とは思われずに、面白いおじさんと思われちゃいます。しかし、それで十分なんです。

面白い問いを考えつづけるのが各ステップのコツ

以上のように、「もっと面白い問いを考える」を意識して各ステップを踏んでみてください。

たとえば、「何で勉強しなきゃいけないの?」と子どもに聞かれたときには、「だっておまえは頭悪いだろう」とか、「勉強っていうのはしなきゃいけないもんなんだ!」とか、「将来ろくな大人になれないぞ」というような、相手がぐうの音も出ない、反論できない答えを返してはいけません。

そうではなくて、もっと面白くする問いを考えてください。

「何で勉強しなきゃいけないの？」と聞かれたら、「じゃあ、私は何で仕事しなきゃいけないんだろうね？」と問い返してみる。そうやって、子どもに一緒に考えさせます。

それは、相手の問いをまぜっ返すことじゃないんです。

面白い問いかけをひたすら繰り返すことによって、自分も子どもも同時に戦闘思考力が伸びるんです。

子どももそんなふうに問われたら、それなりの答えを返さなきゃいけなくなります。

最初は子どもも、親を一発で言い負かそうとします。でも、このやりとりの面白さに気がつけば、子どもの戦闘思考力も伸びます。

コラム

お客の来ない喫茶店を流行らせるには？「変換」の3つのコツ

僕が戦闘思考力の活用例としていつも説明するのは、「お客の来ない喫茶店はどうすれば売上がアップするのか？」という質問に答えるという事例です。

いきなり具体的な解決法を答えてしまってはいけません。

この問いを、思考ゲームとして楽しむのが大切です。

この例で僕が考えた方向性は次の3つです。

①多様性：やることをいろいろ増やす
②多方向性：方向をいろいろ変える
③懐疑：疑う

●やり方をいろいろ増やす

多様性というのは何かというと、たとえば、「喫茶店の売上が落ちているけれど、どうすればいい？」と聞かれたら、「メニューを増やしてみたら？」というのが最初に考えることですね。

これは「今やっていることを増やす」です。

アイスコーヒーとホットコーヒーを出しているんだったら、「じゃあ上にアイスクリームでも乗っけてみたら？」とか、「カフェオレをメニューに増やしてみたら？」とか。あるいは、トーストを出しているんだったら、「チーズを乗っけてチーズトーストをやってみたら？」とか。ランチの売上を伸ばそうと思ったら、「もっとランチメニューを増やしてみたら？」とか。

平凡に見えますが、相手が「うちの店ではそんなことできっこない」と思いこんでいるときには、案外有効なときもあります。

●今やっていないことを考える

次に、多方向性。「今やっていないことを考える」です。

その喫茶店は、喫茶店として当たり前のことをやっているんです。

たとえば朝8時に店を開けて、夕方の6時くらいまでやっているとしましょう。

ビジネス街だから、夕方6時を超えたらもうお客は来ません。朝はモーニング目当てのお客が来て、お昼はランチ目当てのお客が来るから、こんなものだろうと思って喫茶店をやっています。

それに対する一番目のアプローチが、先ほどのメニューを増やすことだとしたら、二番目の「今やっていないことを考える」というのは何でしょう？

たとえば、若い人で自分の店とかカフェとかを出したい人はいっぱいいますが、そういう人たちに、開いてない日に店舗貸しをすることを提案したとします。

つまり、「自分たちでカフェをつくりたいんだけど、開業資金がないんです」と言う若者に、「ウチのお店はどうせビジネス街なので、土日は店閉めているから、家賃を少しだけ払ってくれたら土日に店を貸してやるよ」と言って店舗貸しをします。

あるいは、飲食以外の収入源を考えてみます。

たとえば、いつもコーヒーのおいしさを語っているんだったら、コーヒー豆を売ってみるとか、コーヒーの名産地をめぐる旅行ツアーを企画してみるとか。

そんなふうに、とりあえず今やっていないことを考えるというのが多方向性です。

◉原因を疑う

三番目の懐疑というのは「困っている原因自体を疑う」んです。

コラム お客の来ない喫茶店を流行らせるには？「変換」の3つのコツ

「喫茶店をやっているんだけど、売上が下がって困ってるんだ、何か良い手はないかな？」と相談されたら、「そもそも何で売上を増やしたいの？」と聞いてみます。

「いや、売上が下がっているから」

相談者はそう言うけれど、売上が下がっているのは、ひょっとしたら仕方のないことかもしれないんです。

つまり、近隣にある会社自体がみんな撤退していって、客の全体数が減っているんだったら、売上が下がることはどうしようもないことです。

「じゃあ、売上が下がったことを嘆くのではなくて、経費を下げることをひたすら考えたら？」

つまり、最初に相手が相談してくる問題自体を疑ってみます。

「喫茶店、そんなにやりたいの？　店はあるわけでしょ？　飲食の免許取っていて、お客さんもある程度ついているんだったら、飲み屋でもやってみたら？」

「何でもいいから別の商売はじめてみたら？」

「たとえば、雑貨屋さんでもしてみたら？」

実際は、その場所で何をやってもいいはずなんですが、相手はたぶん、喫茶店の売上が下がっているということで頭がいっぱいいっぱいになっています。

そこで、よくよく聞いたうえで、相手の疑問自体、相手がこれを問題に思っていること自体を、疑ってみます。

どうやればいいのかを答えるのではなくて、もっと面白い問いを投げかけてみます。

「本当におまえ、もともと喫茶店やりたかったんだっけ？」

「近所の店もいっせいに売上が下がってない？　おまえの店の近所で、売上が上がっている喫茶店ってあるの？　それともみんな下がってるの？」

もし売上が上がっている喫茶店があるんだったら、そこを模倣すればいいし、もしすべての喫茶店の売上が下がってるんだったら、その土地で喫茶店をやるのがもう無理ってことですよね。

こんなふうに、さまざまな方向で疑ってみて、「変換」をつくるわけですね。

今やっていることを増やすという多様性と、ほかの方向をいろいろ考える多方向性と、問題自体を疑う懐疑という３つの方法で、かなり「変換」はできるはずです。

第5章

あなたの頭の回転を倍速化するレッスン

◉思考の武道「戦闘思考力」の免許皆伝

「戦闘思考塾」とその「段位」

最終章では、具体的な戦闘思考力を鍛える方法について説明していきます。

僕が代表を務めていたFREEexというグループでは、「クラウドシティ」という会員制のSNSを活用しており、その中に「FREEexスクール」というバーチャルな私塾があります。

私塾の目的は、各段位の課題を自分でこなし、SNS内で発表しながら能力を研鑽することです。互いに励ましあい、競争しあったりする仕組みになっています。段位が上がった人は自然と、自信と責任感から、下の者の面倒をみる光景が見られます。

「評価経済塾」「スマートノート塾」「4タイプ塾」などから「ガンダム塾」なんてのまであるんですけど、この中の一つが「戦闘思考塾」です。

表1
戦闘思考塾・段位認定

易

下に向かうほど難易度がアップ。本書では十級〜一級を扱う。

十級 ローギア	３冊の本を読み感想を書く。
九級 ローギア	１時間ほどの映像を３本見て、それぞれの内容をまとめ、他人に伝える。
八級 ミドルギア	未読の単行本（ノンフィクション系）を１冊、タイトルと目次のみ見て、内容を推理する。
七級 ミドルギア	八級で使った単行本をまるまる１冊、２ページごとに内容を１行にまとめたメモを作成する。
六級 ミドルギア	八級で書いた推理と七級で作った内容メモを比較し、外れていた部分を５カ所取り上げ、「なぜ外れたか」を書く。
五級 ミドルギア	１時間ほどの映像を３本見て、それぞれの内容を４００字にまとめる。
四級 トップギア	ニコニコ生放送で、自分が出演する番組を放送する。コメントに答えながら30分以上、視聴者10人以上で番組を維持する。
三級 トップギア	五級で見た映像、あるいは映画などの１時間以上の作品の内容をミニッツライナーで作成する。
二級 シフトチェンジ	経済系の新聞や新聞社会面の記事を、小学校４年生にも理解できるよう書き直す。
一級 ミドルギア	世間の人が誤解している実例をネットニュースやブログで見つけ、「本当の事情」「なぜ誤解されるか」「誤解した人に罪や責任はない、というアピール」をワンセットに書いた文章を日記で公開する。
初段 ミドルギア	まだ誰も考えていないビジネスモデルや新製品のアイデアを一つ、日記で書く。
二段〜九段まで省略	
十段 トップギア	「戦闘思考力」について講義か講演をする。観客は30人以上。

難

表を見てください（表1）。この表は、クラウドシティの中の「戦闘思考塾」のカリキュラムです。

「十級」とか「初段」とか書いていますよね。「十級」が一番簡単で、下のほうに行くにつれて難しくなっています。一番難しいのが「十段」です。

それぞれの課題は戦闘思考力を鍛えるための訓練であり、クリアするごとに、どんどん段位が上がるという仕組みです。

初段以上はあまりにもハードルが高いので、本書では十級から一級までについて説明していきます。

戦闘思考力は「思考の武道」と言うだけあって、その訓練もかなりの気合いを必要とする修業ともいえる内容です。

それに、環境によってはチャレンジできない人もいたり、人によっては向き不向きの訓練もあるでしょう。ですので、これから紹介する訓練はあくまで一例として参考にし、自分に合った訓練を開発したり、カスタマイズしてもらってもかまいません。

ただし、**頭に負荷をかけなければ頭の回転力は鍛えられない**ということだけは忘れないでください。

では、十級から説明していきましょう。

3冊の本を読み感想を書く

十級：ローギアを鍛える

「ローギア」を鍛えるために一番良い方法は本を読むことです。

3冊の本を最後まで通して読み、感想を書いてみてください。小学生のときの読書感想文みたいに肩肘《かたひじ》張って書くのではなく、手帳にメモする感覚です。一度文字にすることが肝です。簡単ですね。

どんな本でもかまいません。ノンフィクションとエッセイと小説の3つがベストなチョイスかもしれません。

文字で書くということは、考えながら書く、書く速度で考えるということです。

「文字にできない、私、なんか文章とか書けないの」と言う人は、だいたいにおいてトップギアしか使えない人です。

僕も経験があるからわかります。頭が高速で回転しているときは、書いている速度が遅すぎてもどかしいんです。でも、ここでそれを嫌がってはいけません。

あえて自分が書く速度に頭の回転速度を落とすと、疑問がいっぱい浮かんできます。「この書き方で伝わるだろうか?」「本当に自分が言いたいことはこれなんだろうか?」「この本の中に書いてあることは本当にこれだろうか?」などなど。

こんな疑問が浮かんできても、手を止めずに我慢して書くこと。この速度がローギアです。

1時間ほどの映像を見て内容をまとめる

九級:ローギアを鍛える

2つ目の方法は、1時間ほどの映像を3本見てその内容をまとめます。映像というのはテレビの情報バラエティでもいいですし、事件の検証番組とか、クイズ番組とか、何でもいいです。ドラマでもいいくらいです。

それを見て、どんなお話だったか、どんな内容だったかを文章化し、誰かほかの人にSNSなどを使って伝えます。文章化していると、自分がちゃんと把握していないことがわかって、1回見たはずのものをもう1回見たりしなければいけなくなりますが、それを嫌がらないで見てください。だから、できれば録画したものがいいですね。

子どもがいる家には必ずあるという「となりのトトロ」でもかまいません。「となりのトトロ」というのはどういう話だったのかを、映画を見たうえで書いたら、ローギアは鍛えられます

これはめちゃくちゃもどかしい作業です。

トップギアというのは、それに対して反論したり、問題点を見つけたりするときに使うんですが、映像や音声が何を言っているのかをよく吟味して、それをまとめるのは絶対に頭をローギアに落とさないとできません。

もしみなさんの中で、他人から「あなたは人の話をちゃんと聞いていない」と言われたことのある人がいたとしたら、その人は頭をトップギアで使いすぎる癖があるかもしれません。

前述しましたが、**頭が良いということは、いつもギアがトップに入っているということでもないし、周りの人間がなぜ回転数が速くないのかとバカにすることでもありません。**

本当に頭が良いというのは、ギアを使い分けられるということです。ギアの存在に気がついて、これを使い分けられたら、ようやくそれぞれのギアに届く力がだんだん強

まってきます。

だから、頭の回転を速くすることばかりを目指してはいけません。必ず下げることも考えてください。

タイトルと目次だけ見て本の中身を推理する

八級：ミドルギアを鍛える

次はミドルギアです。ミドルギアは、普段自分が使っている頭の速度です。ここくらいから、レッスンも少しずつ面白くなってきます。

本屋さんで、面白そうだなと思うノンフィクションの単行本を見つけたら、中は見ないでください。タイトルと目次だけ見て、中身を推理します。そして、推理したものを、自分の日記に書きます。文章化するわけです。ただ、少し気取ったノンフィクションですと、見出しが「邂逅」とか「拒絶」とか「命」とかで内容というよりも雰囲気しかイメージできないので、ビジネス書を中心にチョイスしたほうがいいかもしれません。

注意深く、タイトルと目次を見たら、じつはほとんどの本は中身がわかります。

速読とか、フォトリーディングってありますよね。じつはこの発展型なんです。

速読をやっている人はいっぱいいますし、やり方を教えてくれる教室もあります。あんな速度で本が読めるんだと、信じている人も多いでしょう。でも、それはカン違い。そんな便利な能力はほとんどの人間にはありません。もし誰でもそんなことが可能だとしたら、世界中の小学校や中学校で、速読とかフォトリーディングとかを教えているはずです。

僕は本の「まえがき」「あとがき」「目次」「著者紹介」をよく読んで、こんな本に違いないと頭の中でまず仮説を立てます。

そのあとで、パラパラパラパラっと適当に読んで、自分が立てた仮説と合っているかどうかをチェックします。

そうすると、5分くらいで1冊の本に目を通すことができます。読むことは絶対にできないけど、目を通すことならできるんです。

それだけで本当に内容がわかるの？　と思われるでしょうが、恐ろしいことにだいたいの本は半分以上これでわかります。

人間というのは、そんなに意外なことを書かないし、おまけに目次というのは、読者に誤解してほしくないからわかりやすくつくっています。言い換えれば、目次というのは、じつはネタバレですね。

普段、本のタイトルを見て気になったら、すぐに本文をパラパラっと見ちゃうんですが、じつは人間というのは、面白そうだなと手に取ったときに、こんな内容に違いないと推理力がすでに働きはじめています。でも、先に本文を読んじゃうから、推理力が鍛えられない。つまり、ミドルギアが鍛えられないんですね。

知らない言葉の意味を調べようとするとき、グーグルをポチッとしてしまいますが、そのクリックの前に2秒考えたら、推理力やミドルギアは鍛えられます。寸止めするんです。

食べる前にどんな味か考えれば、味覚はめちゃくちゃ鍛えられるし、読む前にどんな内容か1回推理してから読んだら、頭脳は鍛えられます。

これが、ミドルギアをトレーニングする課題の一つ目です。

本の内容を2ページごとに1行でまとめる

七級：ミドルギアを鍛える

ミドルギアの二つ目は、分析です。

ここでは、八級で推理した未読の本の中身を分析します。だから買わなければいけないんですが、未読の本ですから、みなさんの家に買ったけど積んである本で十分です。

この本の内容を、2ページごとに1行にまとめます。

これ、なかなか面倒くさいです。ただし、ローギアの十級でやったように、本1冊を丸々読んでからあとで中身を書くという、ゆっくりとした思考ではないので、頭への負担はそんなに強くはありません。回転寿司での早食いとか、わんこそばみたいに、目の前に来たものを処理する、ただ単に2ページごとにどんな内容なのかを書くことをひたすら繰り返すだけです。

300ページの本だったら150見開きありますから、150行ひたすら書いていくわけです。

じつは僕、昔、宮部《みやべ》みゆきの本でこれをやったことがあります。240ページあったので120行、パソコンで書きました。120行書いたら、恐ろしいことに、宮部みゆきがどのように読者を振り回そうとしているのか、その手練手管《てれんてくだ》がすべて見えました。すごく楽しいです。ゾクゾクします。以後、一生ミステリーを読むときに役に立ちます。

ぜひ、やってみてください。

これは**リバース・エンジニアリング**みたいなもんです。

日本がまだ貧しかった時代、日本はアメリカからトースターやラジオ、自動車から飛行機まで、いろいろなものを1つずつ輸入してバラバラにしました。

バラバラにすることで、どうやってつくっているのかを分析したんです。そして、モノマネで似たようなものをつくったんです。このモノマネを繰り返したから、アメリカより優秀な自動車や飛行機がつくれるようになりました。

リバース・エンジニアリングというのは、かように強力な手法です。

これは、造形物や創造物でも同じです。世界中の映画監督はだいたいこの訓練をやっていますし、小説家も気の利いた人はやっています。もちろん、中にはやらずにすんでいるような天才もいますけど。

八級と七級の内容を比較する

六級：ミドルギアを鍛える

次は、ミドルギアの3つ目です。

八級で自分が推理した内容と、七級でつくったメモを比較してみます。おそらく、半分くらいは合っているはずです。

そして、**外れた部分が、作者と自分の差なんですね。**それは、能力差と言ってもいいし、視点の差と言ってもいい。その差がどんなものなのか、何だったのかがわかるはずです。

そしてここが大事なんですが、**なぜ自分はそこが読み取れずに外したのかをきちんと文章化します。**

ここまでの段階で、一度もトップギアは使っていません。一瞬で決めなきゃいけないこととか、速く決めなきゃいけないこととか、間違えちゃいけないこと、判断しなきゃいけないことというのは一つも入っていません。ひたすらローギアを鍛えて、次にミドルギアを鍛えます。

本来だったら、一瞬でクリックしたらわかること、一瞬で次のページに行ったらわかることを、ほんのちょっと立ち止まって考える、ということを繰り返すだけで、思考力というのはどんどん強くなります。

テレビ番組の感想を400字にまとめる×3

テレビ番組1時間以上×3本を観て、それぞれの内容を、400字にまとめて書いてください。

情報バラエティが多分一番やりやすいと思いますが、ニュース番組でもいいし、映画でもドラマでも、何でもかまいません。それらを400字でまとめてください。

400字というのは、小学校のときに配られる原稿用紙1枚分です。20字×20行で400字です。これは、NHKのアナウンサーが1分で読める長さと言われています。同時に、一つの概念を伝えるには最短の文字数とも言われています。

プロの物書きであれば、800字から1200字あれば、この世の中のどんなことでもだいたい書けます。もちろん、言葉が足りないかもしれないし、誤解されるかもしれないですが、一応の説明はできます。

たとえば、「現象論とは何ですか？」とか、「大阪はこれからどのようにすべきですか？」など、どんな問いに対しても、800字から1200字くらいあったら、ある程度のことが書けるはずです。

しかし、400字ではそんな複雑な内容は書けません。自分が推理したことを書くのは難しい。知っていることしか書けません。

よくあるのは、1時間の映像を400字でまとめようとするときに、冒頭の5分間くらいのことを200字で書いて、途中をちょっと書いて、ラスト3分間くらいのことを最後にまた100字くらいで書いてしまうという構成です。これをやるとあまり力が伸びません。

そうではなくて、**「この講演で言っていることの本質的な部分は何だろう?」「この話の幹は何だ?」と考えて、枝葉を削って幹を見極めないことには、1時間の話は400字では絶対に書けません。**ここで使うのがミドルギアです。

九級で、映像を1時間見て報告するという訓練がありました。文字数を考えずにゆっくり考えて書くときに使うのはローギアですが、文字数制限が入ってくると自分の表現力の問題にもなってくるので、ミドルギアになります。

言語化というのは、頭の中で論理を組み立てることですから、400字という制限を設けることでより論理力が鍛えられます。

ブログでも、手紙でも、メールでも、何でもそうですが、短く書く人はトップギアのほうに頭を持って行きすぎているし、話が長くなる人はローギアのほうに頭を使いすぎています。

ということで、まずは400字で何でも書けるように訓練します。

5分以上誰かに一方的に話をする

四級：トップギアを鍛える

ここからトップギアに入ります。この戦闘思考力は、僕がいろいろやっている講座の中でトップレベルの難しさなので、このあたりからさらにしんどくなってきます。

179ページの表1では、「ニコニコ生放送で、自分が出演する番組を放送する」とあります。ニコニコ生放送は、ネット上の生放送番組で、誰でも勝手にネット上でテレビ放送みたいなものができるシステムですが、顔を出すこともできるし、顔出ししなくても可能です。僕はクラウドシティ内での講座で、五級は、この「ニコニコ生放送」で、10人以上が見ている状態を維持しながら30分以上放送しろと指導しています。これってかなりハードル高いです。

さすがにこれを読んでいるみなさんに、いきなりニコニコ生放送に入会し、自分で番組をやれって言うのもむちゃくちゃな話ですよね。

ですから、ここでは課題を変えましょう。「飲み会か、昼休みなどに、5分以上誰にもさえぎられることなくみんなに聞かれる話」をしてください。

これはこれでかなり難しいはずです。5分間、4、5人を相手に話したら、相手は間に入りたくてうずうずします。

話がつまらなければ、別の話に切り替えようとするし、話が面白すぎたら、自分も自分もと割って入ろうとしてきます。それを入らせないようにしないといけません。飽きさせないように、入らせないようにする。

これがなぜトップギアなのかと言うと、あらかじめ用意された答えがあるのではなくて、その場ですべて変わるからです。

喫茶店で調子よく話していても、「カフェオレの方、どなたですか?」と聞かれたら、空気が一瞬で崩れます。そこからのリカバリーを考えないといけません。

たとえば、「あなたはいつもカフェオレを頼むけど」と言って、こちらが持っていこうとする話に無理矢理くっつけてみたりしなければなりません。そうやって、**その場を**

支配して話を続けるためには、今までの訓練をやっていないと難しいんです。

また、この段階で、5分間まったく口を挟ませないのは無理かもしれません。一言言うたびに合いの手を入れる人は世の中にいますからね。ですから、はじめは5分間、4人とか5人の注目を集めながら話を終わりまで語りきる、というスタンスで訓練をしてみてください。

ミニッツライナー

三級：トップギアを鍛える

次もトップギアのトレーニング。今度は映像の「ミニッツライナー」というものをつくります。これも僕の造語です。

「ミニッツ」は「分」で、「ライナー」は「ライン」、「行」のこと。映像を1分1行にまとめる作業を、こう名付けました。

素材として一番良いのは、ハリウッドの出来の良い映画です。最悪なチョイスがタルコフスキーの映画のような芸術作品です。北野《きたの》武《たけし》監督の映画もそうですし、まあ、松《まつ》本人志《もとひとし》の映画は絶対に使ってはいけません。誰にでもわかる娯楽作品、できれば大ヒットしたようなメジャー映画を選びましょう。ジブリの映画だったらだいたい大丈夫です。
また、僕の講演の映像でもいいですし、自分が感動したNHKのドキュメンタリーがあれば、その録画を使ってもかまいません。ただ、短すぎるとトレーニング効果がなくなるので、できれば1時間以上ある素材を使ってください。

その内容を1分ごとにビデオを止めて1行にまとめます。

これが何でローギアじゃなくてトップギアなのかというと、**1分間の映像を頭の中で考えて文字に変換するときって、瞬時の言語化が必要になってくる**からです。映画だったら、まったくセリフがないところもあるし、ものすごいセリフの応酬もあります。カメラワークだけの海が映っているシーンも1行にするし、誰と誰が言い争いをしたということも1行で書かなきゃいけない。

それらをどうやって1分1行にするかを考えていくと、頭の中の処理速度が速くなるんです。

◉感性を鍛えるよりも論理力が大切

七級で、僕が宮部みゆきの小説を2ページ1行にまとめたことで、宮部みゆきの話のつくり方の構造、手の内がわかったと書きましたが、海外の映画学校に通う映画やドラマのシナリオを勉強する人間は、だいたいこの「ミニッツライナー」のようなことを初歩としてやらされます。しかし、日本のシナリオ学校ではこの基礎訓練をあまりやっていないようです。だから、映画をつくる人がいきなり映像作家になってしまう。感性に頼って論理性が不足してしまうんですね。

感性というのは論理の最後にトッピングするものであって、トッピングだけではじまらないんです。

良いパティシエ、良いシェフというのは、まず基本的に科学者です。何グラムのものをどれくらい加熱したらどういう味になるのか、という科学的な事実を、自分の経験則で散々知っているからこそ、最後のひと押しとか、アレンジを自分の感性で仕上げることができるんです。

建築の土台とその上に立つ建築物に例えて言うと、論理の上に感性が乗ると最強です。弱い論理の上に感性は乗っかりません。素人ほど、すべてを感性でつくれると考えてしまいますが、そうではありません。

ミニッツライナーで、映像を1分1行でまとめるというのは、感性でしか見ていない映画、自分が涙して感動した映画を、徹底的に論理的に問い直す作業です。

実際にこれをやってみると、小説の場合もそうですが、一生映画の見方が変わります。

僕はこれを生涯3回やりました。

1回目は「ジョーズ」、2回目が「ダイ・ハード」、3回目は「スター・ウォーズ」かな。それぞれ自分が好きな映画で、感動して面白いなと思ったんですが、何十回もDVDやビデオで観たはずなのに、1分ごとに書いてみたら、まったく気がつかない部分がボロボロ出ました。そしてその後、僕は映画の見方が完全に変わりました。

論理的に見るからといって、感性的に楽しめないということはありません。逆にふつうの人よりもよっぽど楽しめるようになります。1回映画を見たら、3倍くらいいろいろ楽しめるようになったので、このミニッツライナーは本当におすすめです。

ただし、2時間の映画のミニッツライナーをつくるには、その何倍もの時間がかかります。だって、1分ごとに止めて、それを1行書くのにやっぱり3、4分かかるんです。1分見て、3、4分書いて、また1分見てを繰り返すので、2時間の映画だったらその5倍で10時間かかりますけど、生涯忘れられない10時間になります。ぜひ試してみてください。

二級：シフトチェンジを鍛える

難しい原稿を小学生に伝わるように書き換える

次はシフトチェンジ、ギアの切り替え練習です。

戦闘思考力は最終的には、このギアを切り替えることによって、どんな相手でも、どんなシチュエーションでも最適解を生み出す力をつけていきます。そのために必要なのがシフトチェンジです。

シフトチェンジとはギアを変えることなんですが、じつはミドルからトップへの切り替えというのは、みんな練習したことがあります。

相手の言ったことに関してすぐ答えようとするとか、就活の面接で聞かれたことにすぐに返すようにするとか。これらはすべて、ギアをトップに持っていく考え方です。

ここでは逆に、ギアを落とさなければいけないシチュエーションをつくります。

新聞の社会面の内容、論説など、とにかく大人じゃないと理解できないような記事を、小学校４年生に理解できるように書き直して公開するんです。

理想的なのは、お父さんが何を書いたか、お母さんが何を書いたかわかる？　お兄ちゃんやお姉ちゃんが何を書いたかわかる？　と子どもに聞いてみることです。

難しい話をさらに難しく高度にすることは、バカでもできるとは言いませんが、比較的簡単です。でも、**難しい話を子どもにもわかるように説明するのは難しい。ほとんど逃げが通用しない**んです。

新聞の論説とかをこの考え方で読んだら、どんなに彼らが逃げているかわかります。新聞記者というのは、ある問題を、ある程度以上の知性を持った読者に読ませる技に長《た》けていますが、これを子どもにもわかるように簡単に説明できるほど理解しているとは限りません。

だから、池上彰さんのように子どもニュースみたいなものをずっと担当していた人は、本当に頭が良いんです。子どもにわかるようにいろいろな問題を話せれば、その人の知性は本物です。

子どもに説明するには、視点を変えたり、いろいろな喩え話を使ったりしないと多分伝わりません。「ＴＰＰとは何か？」「自民党政権がこれからもずっと続くのか？」といった問題を、小学校４年生に話すときに、自民党の議員の名前をどんどん出したりしたら、もうダメです。その瞬間、聞いてくれなくなりますから。

そうではなくて、**「たとえば君のクラスで」とか、「八百屋さんでね」みたいに、小学生にも理解できるような思いきった視点変更が必要になります。**もし聞いてくれる子が、八百屋さんじゃなくて床屋さんの息子だったら、「床屋さんでね」になるかもしれないし、お母さんがパートで働いていたら、「たとえば君のお母さんがね」と言うかもしれません。

相手によってどういうふうに切り替えて、子どもにわかるように話すのか、というのはシフトチェンジになります。

このシフトチェンジのときに、155ページで説明したカスタマイズと共感をたくさん使います。こうやって、シフトチェンジの練習をします。

ネット上の誤解を分析してブログなどに載せる ―― 一級：ミドルギアを鍛える

ここではまず、世間の人が誤解している実例を、ネットニュースやブログで見つけましょう。

なぜネットニュースやブログで見つけるのかというと、ネットは情報の宝庫ではなく誤解の宝庫だからです。ネットには、ありとあらゆる勘違いが渦巻いています。新聞とか雑誌の中で勘違いしているものを見つけるのはけっこう難しいんですが、ネットの中だったらわりと簡単に見つかります。

たとえば、「発言小町」とか「ヤフー知恵袋」みたいな、誰かの質問に対して読んだ人が答えるサイトがあります。ここで、ベストアンサー以外の回答を見たら、間違ったものがいくらでもあるんです。それらを見つけて、「なぜ間違っちゃうのか？」「本当の事情はどういうことなのか？」「なぜ誤解されるのか？」を考えてみます。

ここで気をつけるのは、「バカだから間違える」「知らないから間違える」ではなくて、**なぜこんな誤解が発生するのかを自分で考えて、推理して書いてください。**

たとえば、橋下大阪市長のやり方に賛成の人もいれば、反対の人もいます。ここでは、その政策の賛否は問いません。

賛成の人だったら、「なぜ橋下市長は誤解されるのか？」「橋下市長は間違ったことを言っていない、なぜ誤解されるのか？」について考えます。

「それはあいつらがバカだからだ」とか、「こういう陰謀があるから」とか、「朝日新聞はこんなふうに書いているからだ」とか、そういうふつうのことを書いてはダメです。

誰かを悪者にした瞬間に、僕らの頭というのは途端に鈍くなってしまうからです。

だから、**自分の頭の中で考えるときは、みんな頭が良いと仮定します。**間違った人に対しても、本当はみんな頭が良いと仮定してみます。全員頭が良くて、橋下市長も朝日新聞も頭が良いのに、なぜこのような対立が発生するのか？　ということを考えればギアがとんでもなく鍛えられます。

全員頭が良いのになぜわかり合えないのか、と思った瞬間に、一つが理解できたらもう一つがわからなくなり、こっちがわかりそうになったらあっちがわからなくなる、そういった複雑なことを考えることになって、頭の中で扱える分量がいっぺんに増えるんです。

このトレーニングはとても頭に負荷がかかりますので、15分やったら1回甘いものを食べるくらいの感じで、がんばってみてください。

そして、最後の仕上げに「なぜ誤解が生じるのかという理由」と、「誤解した人に罪や責任はない」というアピールとをワンセットにして文章を書いてみます。そして、それをブログで書いたり人に話したりしてください。

この戦闘思考力トレーニングは、恥かいてナンボです。修業中は、間違ったことやとんでもないことを言って人に笑われることも修業の一つと考えてください。

だから、ブログなどで知らない人に向けて公開してほしいんです。自分の考えを書いたり、４００字でまとめたりしたら、ブログでもいいですし、ツイッターで小分けにして書いてもいいので、公開をおすすめします。

そのときに、誰かから「なんかバカみたいなこと言ってる！」と晒《さら》されても、そういうものだとわりきってほしいんです。でもまあ、そこまではなかなかできないですから、ちょっとハードルを下げて、知り合いに言うのでもいいことにします。

◉ある程度叩かれる覚悟を持つ

本当のことを言えば、実名とまでいかなくても、ペンネームを使ったりして、ブログなりネットなりに上げて、世間の人がどんなふうに見るのかというドキドキ感が、戦闘思考力のベースになる度胸や打たれ強さをつくるんですね。

気をつけてほしいんですが、打たれ弱いままに強くなることはできません。戦闘思考力で言うと、攻撃力だけ上げても適当な防衛力がないとあまり意味がない。**適当な防衛力をつけるには、心が折れない程度に殴られることが絶対必要**です。

だから「ネットに名前を晒されるのは嫌だ」というのは、1発も殴られたことがない奴がケンカをひたすら嫌がるのと同じであって、強くなりたければある程度殴られることは覚悟しましょう、というのが僕の本音です。

以上が戦闘思考力の段位の前半です。有段者になる前の十級から一級を、駆け足で説明しました。

戦闘思考力の基礎は言語化・文章化で養う

さて、ここまでのトレーニングは文字に書き起こすことが中心でした。なぜ、会話のトレーニングにしないかというと、いきなりしゃべるのは危険だからです。

武道で言うと、基礎トレとか、ランニングとかやって心肺能力を上げておかないと、結局どんなに技を鍛えても、試合中に息が上がって負けちゃいますよね。どんなにパンチが強くても、プロボクサーが3分間フルで闘うのにはものすごい体力が必要なんです。

同じように、文章によって論理性が身についていないと、会話でやりとりしていても、自分の頭が疲れて負けちゃうんです。『あなたを天才にするスマートノート』の中でも書いていますが、言語化や文章化は、論理性の基礎体力をつけるためのトレーニングなんです。

日本語で文章にする力を鍛えていれば、長時間のやりとりでもかなりスタミナがついてくるので、僕は最初の段階では、徹底的に文章化をすすめています。

口だけのやりとりばかり練習してると、どうしても相手を言い負かすほうに気が行ってしまいます。でも、文章にして書いていると、自分自身が書いたことを疑うようになります。

これを「客体化」と言います。自分がしゃべっていることが自分自身でもおかしいなって思うときがありますけど、自分が書いたものというのは、書いて1秒か2秒したら、もしくは一晩たったら、他人が書いたものみたいに冷静に見ることができますよね。深夜のラブレター現象です。

この**客体化が知性の特徴なので、はじめは書いて訓練したほうがいい**んです。書いていると段々しゃべるのも上手くなっていきます。

戦闘思考力の鍛錬を続けるコツ

戦闘思考力を鍛える方法を伝えてきましたが、「そこまでしなきゃなの⁉」くらいの高いハードルを感じたはずです。これを続けるモチベーションを維持するのはたいへんなはずです。

世の中にやせる方法とかダイエット法は山ほどありますが、レコーディング・ダイエットというのは体重という数値のみに注目しています。体脂肪率も筋肉率もまったく見ずに体重だけを見る。ほかのものも見たほうが良いのはわかるけど、そんなこと気にするのは面倒くさいですから。

その次に、食べた時間、何をどれぐらい食べたかカロリー数だけ書きます。徹底的に数値にだけ着目するのがレコーディング・ダイエットの特徴です。

スマートノートだったら、ノートに1日見開き2ページを書きましょう、と説明しています。書きさえすれば内容なんて何でもいいんです。それも最初は5行書くことからはじめます。そんなふうに徹底的に数値化しているから、スマートノートは入門編としてすごく役に立つんですが、戦闘思考力はスマートノートのさらに上級を目指す考え方なので、単純に数値に落とし込むことができません。

戦闘思考力も何か特定の数値に着目できたらいいんですが、当たり前ですが、思考力というのは数値化しにくいものです。

ただ、**「どうやって続けるのか」という視点のみに着目すると、「自分の話しているこ**
とが役に立つかウケるか」を意識しつづけることがコツになります。

戦闘思考力をユニバーサル・トークに落とし込むと、どうしても相手に勝たせてあげなければならないので、「オレの考えたことなのに、あいつは自分が思いついたような顔してる」という悔しい気持ちが残ることがあります。でも、「まあ、それでも役に立ったんだからいいや」というふうに、役に立つ部分に着目することが大切です。

逆にいつも勝たなきゃとか、これを使って自分だけのために何かしようと思っていると、だんだん続けるのがしんどくなっていきます。

周りの人を笑わせることができて、役に立つことができたっていう実感を得るからこそ、徒労感がなくなるんですね。

コラム

戦闘思考力養成講座でやっていること

僕が代表を務めていたＦＲＥＥｅｘの「戦闘思考力養成講座」で、実際にやっているゲームをご紹介します。

一般の方にも参加していただいており、みんなフラフラになって帰っていきますが、一度参加するとクセになるようでリピーターもけっこういます。

◉初級編１：有名人ＶＳ有名人の架空の対決に勝利せよ

【参加人数】

４名

【用意するもの】

２種類のカード「名前カード」と「対決カード」を用意する。

名前カード：「安倍晋三」「ルパン三世」「ビル・ゲイツ」「上戸彩」「ワンピースのルフィー」「豊臣秀吉」など、有名人や有名キャラ、歴史上の人物などの名前が書かれたカード。
対決カード：「皿回し」「しりとり」「将棋」「テニス」「大食い」など、勝敗が決められる対決項目が書かれたカード。

【遊び方】
① 4人のうち、対戦する2人を選び、先攻後攻を決める。残り2人は判定係。
② 先攻が伏せられた対決カードから1枚を、先攻後攻それぞれが伏せられた名前カードから1枚ずつ選ぶ。
③ 名前カードで引いた有名人2人が、対決カードの競技をしたらどちらが勝つか？ それはなぜか？ 制限時間1分以内にそれぞれが自分の引いた名前カードの人物が勝つ理由をプレゼンし、判定員が有利と見たほうを勝者とする。

【「皿回し」「ルパン三世」「ビル・ゲイツ」というカードが出たときの解答例】

ルパン三世とビル・ゲイツが皿回し競技をした場合、ゲイツが勝つ。

なぜなら、ルパン三世は、せいぜいピストルを回すくらいしかできないが、ビル・ゲイツは、暇なときや考えごとをするときに、CD-ROMを回した経験がいっぱいあるはずだから。

◉初級編2：理由がわからなくても無理矢理理由を3つ出せ

【参加人数】

4名

【用意するもの】

1種類のカード「理由カード」を用意する。

理由カード：「ラーメンにナルトが乗っている理由を3つ述べよ」「空気が透明な理由を3つ述べよ」「老人に親切にしたほうが良い

理由を3つ述べよ」など、さまざまなことの理由を3つ述べよと書かれたカード。

【遊び方】

① 4人のうち、対戦する2人を選び、先攻後攻を決める。残り2人は判定係。

② 先攻後攻の順番で伏せられた理由カードから1枚を引き、出てきた課題に対して制限時間1分以内にプレゼンし、より説得力があったほうが勝利。

初級編1、2ともに、スピードも大切ですが、判定員をうならせる「納得力」と「面白さ」も必要。スピードはトップギア、納得させる力はミドルギア、面白さはローギア。それぞれを、今までどれだけ鍛えてきたかが試されるゲームです。

ついつい、きれいにまとめたくなりますが、上級者は面白さを追求してみてください。

◉中級編：読んでいない本でも、読んだことにして語れ

【参加人数】
３名以上

【用意するもの】
各自が持ち寄った本。

【遊び方】
①各自が持ち寄った本を机の上に積む。
②順番を決め、１番目の人が目を閉じて本を１冊引く。読んだことがある本の場合は、引き直す。
③２分間だけ、本に目を通す。
④その本について、あたかも熟知しているように３分間プレゼンする。
⑤発表者以外の人がその本についてのプレゼンに納得したかを５点満点で採点し、全員の発表が終わったら集計して優勝者を決める。

おもに推理力と分析力を高めるレッスン。

読んだことのない知らない本でも、タイトル、表紙、帯のコピー、目次などを頭に入れれば、かなりのことがわかります。

それらの要素から内容を想像して、3分間もそれっぽく語る。なかなか苦しい挑戦ですが、それゆえ脳みそはフル回転します。

まとめ　あとがきに代えて

お疲れさまでした！

最後までお読みいただき、本当にありがとうございます。

いかがだったでしょうか？

いろいろな感想があると思いますが、おそらく「こんな話し方本を読んだのははじめて」という感想が一番多いのではないかと予想しています。

「まえがき」では、「ほかの話し方本は本書の副読本に成り下がる！」みたいなエラそうなことを書いてしまいました。

この場で弁明させていただくと、僕の本意は、**本書の内容を理解することでほかの話し方本のテクニックをより自在に操れるようになる**ということです。

時間・場所・相手などが変わったとしても、関係性や空気を論理的に俯瞰する力、そして状況や場面に応じて言葉を紡ぎだす出入力の調整ができるようになる。そうすると、ようやくいろんな話し方本のテクニックが何倍にも輝きを増すのです。

今後もぜひ、各分野のプロが書いた話し方本を「副読本として」お読みいただきたいと思っています。

ただし、次の2つは覚えておいてください。

一つは、**今後のみなさんの人生に起こるであろう、さまざまな修羅場からできるだけ逃げないこと。**

もう一つは、第5章で紹介したような**「頭に負荷をかける修業」を意識して続けること**です。

前者は読書からでは得られない経験値を体得できます。困難な状況ほど成長できます。恥や非難をチャンスだと思って、正面から向き合う勇気を持ってください。

後者については、さっきまで読んでいたことなので、その理由はわかりますね。土台となる論理力なくして、「ユニバーサル・トーク」も「戦闘思考力」も活用できません。半端な知識や小手先のテクニック、曖昧な感性に頼っていては、いずれ限界を感じるはずです。

◉本書とあなたの「共感→再構築」のプロセス

本書は、ユニバーサル・トークと戦闘思考力、それぞれのメソッドの講演2回分の内容をベースに、関係者の手を借りながら1冊の本にまとめたものです。

ユニバーサル・トークは話し方の理論、戦闘思考力は思考をコントロールするための実践スキルと、自分の中で明確にわりきっていたので、この2つのメソッドを融合しようなんて思ってもいませんでした。

ところが、思いがけず出版社から「話し方の本を書いてほしい」という依頼があったので、ユニバーサル・トークの資料を改めて読んでいたところ、もっと実践に落とし込めないものかと悩んだんです。

そこで、戦闘思考力との融合を試みてみました。すると意外や意外、この2つのメソッドには非常にオーバーラップするところがあり、また相互に補完関係があることに気づかされたんです。

これは自分の中で新しい発見でした。

まったく違うはずだった2つのメソッドが融合し、再構築されたわけです。

ぜひ、**みなさんもこの2つのメソッドを理解したら、「共感→再構築」のプロセスをへて、自分の経験と融合させてください。**それが腑に落ちたとき、あなたの話し方が劇的に変わることをお約束します。

◉次は「頭の強さ」を一緒に探求しよう！

本書では「頭の良い人の話し方」を解説し、マニュアル化してみました。

「頭が良い話し方」とは、

---

①頭の回転が速い

②頭の運転が上手い

③話し方が上手い

の三要素で成立しています。

しかし、最近の僕は「頭が良い」と同じぐらい**「頭が強い」ことも必要ではないかと**

思いはじめています。

「頭が強い」とは、

①応用力がある
②落ち込んだりダメになっても立ち直りが早い
③考えつづける「疑問維持力」がある

の三要素が必要なんじゃないかなぁ。

おそらく次回作は、この「頭を強くする」方法について語れるんじゃないかと思っています。

お楽しみにお待ちください。


本書で紹介した「戦闘思考力」などが学べる私塾ＦＲＥＥｅｘスクールは、クラウドシティというＳＮＳ内にあります。パソコンはもちろん、スマホやガラケーでも参加し、学ぶことができます。

問合せ・申し込みはこちらからどうぞ。
http://cloudcity-ex.com/login_new/index.html

また本書を読んだうえで、岡田斗司夫に直に質問したい人や、次回作の内容などをいち早く知りたい人は、僕の主宰するオンラインサロンに参加してください。

ホリエモンも利用している「Synapse(シナプス)」というフェイスブックユーザーサロンです。

〈Synapse　岡田斗司夫サロン〉
http://synapse.am/contents/monthly/otaking

「岡田斗司夫に会って、直に話したい」という人のためには、上位版の「ウチで話そうよ」コースも用意しました。

こちらは月額1万円ですが、毎月1～2回は岡田斗司夫の自宅に集まって、いろんな話をしています。

〈Synapse　岡田斗司夫「ウチで話そうよコース」〉
http://synapse.am/contents/monthly/otaking

２０１５年9月よりは、長らくお休みしていたブログも再開します。
そういう公式情報はできるだけ僕自身のフェイスブックやツイッターで告知しますので、フォローをお願いします。

facebook：https://www.facebook.com/frex.otaking
Twitter：https://twitter.com/ToshioOkada
まぐまぐメルマガ：http://archive.mag2.com/0001148694/index.html

では次回作で、またお会いしましょう！

２０１５年8月25日　吉祥寺にて

岡田　斗司夫

[著者プロフィール]
岡田斗司夫◉おかだとしお
1958年大阪府生まれ。社会評論家。1984年にアニメ制作会社ガイナックス設立後、東京大学非常勤講師に就任、作家・評論家活動をはじめる。立教大学やマサチューセッツ工科大学講師、大阪芸術大学客員教授などを歴任。2010年に「オタキングex」(現FREEex)を立ち上げる。レコーディング・ダイエットを提唱した『いつまでもデブと思うなよ』(新潮新書)が50万部を超えるベストセラーに。その他、多岐にわたる著作の累計売上は250万部を超える。

頭の回転が速い人の話し方

2015年 9月28日　初版発行
2024年 5月 9日　7刷発行

著　者　岡田斗司夫
発行者　太田　宏
発行所　フォレスト出版株式会社
〒162-0824　東京都新宿区揚場町2-18　白宝ビル7F
電話　03-5229-5750（営業）
　　　03-5229-5757（編集）
URL　http://www.forestpub.co.jp
印刷・製本　萩原印刷株式会社

ISBN978-4-89451-683-0　Printed in Japan
乱丁・落丁本はお取り替えいたします。